现代教育技术理论
与学科应用探究

范喜艳 ◎ 著

郑州大学出版社

图书在版编目(CIP)数据

现代教育技术理论与学科应用探究／范喜艳著. -- 郑州：郑州大学出版社，2024.2

ISBN 978-7-5773-0198-3

Ⅰ.①现…　Ⅱ.①范…　Ⅲ.①教育技术学　Ⅳ.①G40-057

中国国家版本馆 CIP 数据核字(2024)第 037854 号

现代教育技术理论与学科应用探究

XIANDAI JIAOYU JISHU LILUN YU XUEKE YINGYONG TANJIU

策划编辑	胥丽光	封面设计	王　微
责任编辑	胥丽光　乔海萍	版式设计	苏永生
责任校对	张若冰	责任监制	李瑞卿

出版发行	郑州大学出版社	地　　址	郑州市大学路40号(450052)
出 版 人	孙保营	网　　址	http://www.zzup.cn
经　　销	全国新华书店	发行电话	0371-66966070
印　　刷	郑州宁昌印务有限公司		
开　　本	710 mm×1 010 mm　1 / 16		
印　　张	13.75	字　　数	235 千字
版　　次	2024 年 2 月第 1 版	印　　次	2024 年 2 月第 1 次印刷

书　　号	ISBN 978-7-5773-0198-3	定　　价	58.00 元

本书如有印装质量问题,请与本社联系调换。

随着时代的发展,全国教育信息化工作取得了巨大的成就。在新时代背景下,教育与技术的有机融合仍然是当前教育领域的重要趋势。在这个快速变革的时代,教育信息化需要进一步加快步伐,以抓住信息化发展的历史机遇。在"将信息技术与教育教学实践深度融合"这一核心理念的指引下,教育界将更加深入地推动信息技术与教育教学的融合发展,不仅仅是将技术引入课堂,更要探索如何借助技术手段更好地服务于教育教学的全过程,从而实现育人目标更全面、更个性化的发展。这意味着教育信息化不仅要关注知识传授,还要关注学生的综合素质培养,将技术融入教育的方方面面,为学生的创造力、批判性思维和合作精神的培养提供更加丰富的可能性。因此,教育信息化的未来不仅仅是数字化工具的应用,更是一场深刻的教育变革,将教育引向全新的境界。

本书旨在深化教育从业者的教育技术应用能力,帮助他们在日益数字化的教育环境中游刃有余。通过阐释现代教育技术的关键概念和相关理论,本书着重于将理论融入实际,以促进现代教育技术与学科教学的紧密融合。具体而言,本书将从多个角度探讨,包括教育信息资源的创造和应用、现代教育技术与学科融合的策略、计算机辅助教学设计的实用方法,以及基于 PowerPoint 等工具的生动课件制作。这些内容的详细介绍,将使读者能够系统地掌握现代教育技术的核心知识和实践技能。本书的章节结构经过科学的思考和编排,以确保从理论到实践的有机衔接,同时优化知识的呈现方式,使读者能够更轻松地消化吸收所学内容,从而为其在教育实践中灵活运用现代教育技术奠定坚实的基础。

全书共包括七章,第一、二、六、七章主要探讨了现代教育技术的概论、理论基础、应用研究及现代教育技术与学科整合;第三章分析了教育信息资源的开发和利用;第四章介绍了多媒体课件的设计与制作,包括设计原则、制作以及多媒体技术在学科中的应用;第五章阐述了微课的设计与制作,包括微课的概述、设计流程、教学设计、屏幕录制软件的应用,以及微课在学科中的应用。

　　本书在编写过程中参阅、引用了一些文献和专著,其中的主要资料已在"参考文献"中列出,如有遗漏,恳请见谅,在此对这些资料的作者表示诚挚的感谢。由于作者的学识与经验有限,而教育技术正迅速地发展,书中或有疏漏、谬误之处,在此,恳请各位读者不吝赐教与斧正。

范喜艳

目录

第一章　现代教育技术概论 ……………………………………………… 1

　第一节　现代教育技术的定义 ………………………………………… 1

　第二节　现代教育技术的发展 ………………………………………… 3

　第三节　教育技术的研究内容和应用领域 …………………………… 11

　第四节　教育技术给教学带来的影响 ………………………………… 19

　第五节　信息时代的教师专业发展 …………………………………… 23

第二章　现代教育技术的基础理论 …………………………………… 32

　第一节　现代教育技术的教学基础理论 ……………………………… 32

　第二节　现代教育技术的学习基础理论 ……………………………… 37

　第三节　现代教育技术的传播基础理论 ……………………………… 48

　第四节　视听教育理论 ………………………………………………… 54

　第五节　系统科学理论 ………………………………………………… 58

第三章　教育信息资源的开发和利用 ………………………………… 62

　第一节　教育信息资源概述 …………………………………………… 62

　第二节　教育信息资源的开发 ………………………………………… 68

　第三节　教育信息资源的获取和利用 ………………………………… 84

第四章　多媒体课件的设计与制作 …………………………………… 95

　第一节　多媒体课件的设计原则 ……………………………………… 95

　第二节　多媒体课件的制作 …………………………………………… 103

　第三节　多媒体技术的学科应用 ……………………………………… 134

第五章 微课的设计与制作 ·················· 136

第一节 微课概述·················· 136

第二节 微课的设计流程 ·················· 138

第三节 微课的教学设计 ·················· 140

第四节 屏幕录制软件 Camtasio Studio 的应用 ·················· 156

第五节 微课的学科应用 ·················· 160

第六章 现代教育技术环境及教学应用 ·················· 165

第一节 现代教育技术环境 ·················· 165

第二节 现代教育技术在教学中的应用 ·················· 169

第七章 现代教育技术与学科整合 ·················· 180

第一节 现代教育技术与学科整合概述 ·················· 180

第二节 现代教育技术与学科整合的原则与策略 ·················· 187

第三节 现代教育技术与学科整合的案例 ·················· 196

参考文献 ·················· 211

第一章

现代教育技术概论

　　随着人类社会的迅猛发展,科学技术蓬勃兴起,广泛的科技成果正充分应用于教育领域。在这个不断变革的背景下,教育技术已经成为教学过程中不可或缺的重要因素,伴随着教育的发展而日益壮大。从教育实践到教育理论,从教育研究到信息技术的突破,教育技术逐步演进。教育技术在教育教学中的应用不仅优化了教育过程的模式,也使得教育活动的组织更具逻辑性,为分析和解决教育问题提供了更系统的方法。现代科技和教育理念的共同进步,赋予教育技术以更深刻的内涵和持久的生命力。教育技术涵盖了学习资源和学习过程的设计、开发、运用、管理以及评价,其终极目标在于优化教育教学效果,为教育事业增添不竭的价值。

第一节　现代教育技术的定义

一、教育技术的定义

　　教育作为一种有目的、有计划、有组织的心智培养过程,旨在传授经验、知识,并解释各种现象、问题及行为,以促进个体能力和经验的增长。其本质在于通过相对成熟和理性的思维方式,使个体能够更接近事物的根本存在。为了实现教育目标,各种教育方式和技术手段不断发展。在 20 世纪后期,随着科技的进步,现代技术如幻灯、电影、录音、广播、电视等被引入教育领域,构建了视听教学、程序教学和系统化设计等方法,从而催生了教育技术学作为一门新兴的教育科学分支。这一概念在 20 世纪 70 年代初被正式提出。当时,教育需求急剧增加,特别是在军事训练中,各种训练需求迅速扩大。视听教育技术应运而生,通过应用这些技术有效解决了问题,进而演变成了真正的教育技术学。因此,教育技术学作为现代教育学发展的重要成果,涵盖了如何在教育中有效应用技术的理论和实践。

作为一门不断发展的学科,教育技术在不同教育阶段中的作用呈现出差异。同时,现代科技和教育理念的进步,不断为教育技术赋予更丰富的内涵,这导致关于教育技术的定义在不同历史时期和国家之间存在着多样性。

1994年,美国教育传播与技术协会(Association for Educational Communication and Technology,AECT)发布了一份关于教育技术的定义,该定义在中国得到广泛认可。这一定义强调,教育技术涉及学习资源和学习过程的设计、开发、利用、管理和评价,是一门关于这些方面的理论和实践的学科。然而,随着时间的推移,AECT在2004年6月召开的会议上,经过充分讨论,提出了一份更新的定义,该定义于2005年正式发布,因此被称为AECT 2005年定义。该定义将教育技术描述为研究和道德实践,通过创建、使用和管理适当的技术过程和资源,促进学习并提升绩效。

这一新定义强调教育技术是通过合理构建、应用和管理技术性过程与资源,推动学习进程并提升绩效的研究和道德规范下的实践。这一界定揭示了教育技术的若干关键要点:①教育技术被命名为"教育技术",而非"教学技术",凸显其更为广泛的范畴;②教育技术涵盖两个主要领域,即"研究"和"符合道德规范的实践",这强调了理论与实际操作的紧密结合;③教育技术具有双重宗旨,即促进学习和提升绩效,为教育事业的发展注入了动力;④教育技术包括三大范畴,即"创造""使用"和"管理",从多个角度全面推动了教育的改革;⑤教育技术的对象为"过程"和"资源",凸显了其注重方法与材料的统一;⑥教育技术的显著特点在于其技术性,不仅体现在技术过程和资源上,还表现在道德规范的遵循、先进技术工具与方法的运用以及卓越的技术使用效果中。这一定义不仅丰富了我们对教育技术的理解,也为教育领域的实践和研究提供了新的思考方向。

二、现代教育技术的定义

自20世纪90年代以来,在国内广泛流传的"现代教育技术"的概念,在本质上与教育技术所指向的内容相一致。然而,"现代教育技术"这一术语更强调了现代社会的特质,融入了丰富的信息化元素,集中体现了现代信息技术的迅速发展与应用。计算机、多媒体、网络、数字音像、卫星广播、虚拟现实、人工智能等现代技术,成为其核心驱动力。因此,尽管与传统教育技术在定义上略有区别,但这一概念依然延续并发展了教育技术的理念,凸显了时代脉络中信息化与现代化的重要角色。

现代教育技术,是指结合当代教育理论与现代信息技术,通过对教学过程和教学资源进行设计、开发、利用、管理和评价,以实现教育最优化的理论与实践。这一概念涵盖了多个重要方面。①现代教育技术的应用必须以当代教育理论和思想为指导,确保教学活动与教育目标相契合。②现代教育技术需要充分借助现代信息技术及相关技术或方法,以促进教育的创新与提升。③现代教育技术的研究着眼于教与学的过程,以及教与学所需的资源,从而优化教育的各个环节。④现代教育技术的核心方法是系统方法,通过整合各种资源和策略,实现教育目标的高效达成。⑤应用现代教育技术的根本目的在于追求教育的最优化,不断提升教育质量,促进学生全面发展。

第二节　现代教育技术的发展

一、国外现代教育技术的发展历程

现代教育技术在国外的发展,大致经历了以下几个阶段。

1. 起步阶段(19 世纪末—20 世纪 20 年代)

随着幻灯、无声电影和广播教育崭露头角,现代教育技术在 19 世纪末期初露端倪。幻灯于 19 世纪 90 年代首次在教育领域得到应用,为现代教育技术的发展拉开了序幕。紧随其后,无声电影、留声机和无线电广播相继进入教育领域,为现代教育技术的初期发展提供了奠基石。其中,美国在 1922 年创立了"视觉教育协会"(The Visual Instruction Association of America),进一步标志着现代教育技术的兴起。

2. 初期发展阶段(20 世纪 30—40 年代)

20 世纪 20 年代末,随着有声电影和录音教学的兴起,教育界迎来了一场崭新的变革。美国华纳兄弟在这一时期的创新,尤其是有声电影的问世,为教育领域带来了前所未有的可能性。之后的 30 年代初,有声电影技术得以成功应用于教育,为学习体验注入了全新的活力。随着时间的推移,20 世纪 40 年代成为教育技术发展的重要分水岭。各种录音媒体,从钢丝录音到唱片录音,再到磁带录音,逐渐走进教育场景,为教育技术注入了更多的多样性和创新性。正是在这一时期,视听教育家伊嘉·戴尔(Edgar Dale)在 1946 年创作了《视听教学法》一书,书中提出的"经验之塔"理论为视听媒体在教学中的关键作用提供了理论支持,为现代教育技术的演进奠定了坚实的基础。1947 年,"视觉教育协会"也正式更名为"视听教育协会"(The Visual-Audio Instruction Association),这一转变标志着教育技术研究的重心逐渐转向那些融合了视觉和听觉特点的媒体形式。这一历程不仅彰显了现代教育技术不断拓展的脉络,也突显了视听媒体在教育中持续发挥着愈发重要的作用。

3. 迅速发展阶段(20 世纪 50—60 年代)

20 世纪 50 年代,被认为是现代教育技术快速演进的重要阶段,这一时期电视、程序教学机以及 CAI 等创新工具开始崭露头角。在那个激动人心的年代,自动教学机器和程序教学以令人瞩目的速度崛起,广受欢迎,而教育电视也在飞速发展,从最初的实验性阶段迅速转向实际教学应用,有效地推动了现代教育技术的蓬勃发展。同时,传播理论巨匠如哈罗德·拉斯韦尔、C. 香农、W. 韦弗等开始在教育领域产生影响,为教育传播奠定了理论基础。传播理论从过去仅将教育媒体视为教育传播的重要组成部分,逐步扩展到对教师(传播者)、学生(接受者)以及整个教育传播过程的深入研究。与此同时,现代教育技术的理论研究也在不断深化,更加关注如何综合利用各种媒体,以及对学习过程本身的深刻洞察。

4. 系统发展阶段(20 世纪 70—80 年代)

自 20 世纪 70 年代以来,随着电视、录像、卫星广播电视系统、计算机辅助教学系统等各种系统媒体的出现,现代教育技术进入了系统发展阶段。与此同时,信息论、系统论以及控制论的观点和方法被广泛应用于现代教育技术领域,教育系统设计理论也成为该领域的核心内容,这使得现代教育技术的学科建设变得更加科学严谨。随着教育技术实践领域的不断扩展以及教育技术理论的日益成熟,"视听教育"这一名称已经无法完全涵盖其广泛的研究范畴和实践领域。因此,1970 年美国的"视听教育协会"正式更名为"教育传播与技术协会"(Association for Education Communication and Technology, AECT)。

5. 网络发展阶段(20 世纪 90 年代以后)

从 20 世纪 90 年代开始,随着计算机技术、多媒体技术、网络技术、通信技术、虚拟技术、智能技术以及数字广播电视技术等现代信息技术的不断发展成熟,教育领域迈入了一个全新的阶段,以多媒体系统和计算机网络系统的应用为特征,并且得以结合建构主义学习理论的进展。这些技术的崛起标志着现代教育技术进入了网络发展的时代。其中,基于互联网的远程多媒体传输系统在教育方面展现出极强的适应性,为广泛的受众提供了开放式的教育体系,使得教育变得更加全民化、终身化、多样化、自主化,也使教育走向全球化成为可能。与此同时,建构主义学习理论被引入现代教育技术领域,对教育技术的理论与实践产生了深远的影响,促使教育更加关注学生的主动参与、自主学习和知识建构。

二、我国现代教育技术的发展历程

我国的现代教育技术起源于 20 世纪 20 年代,初步发展始于 30 年代,迄今已历经逾 90 年的演进历程。在这漫长历程中,我国现代教育技术的发展可被划分为三个显著阶段。

1. 萌芽阶段

在我国,教育技术的发展可以追溯到 20 世纪 20 年代到新中国成立之前的阶段。这一时期,教育技术的萌芽初现,主要表现在利用幻灯、播音、电影等多种媒体形式来推动社会教育和学校教育活动的开展。通过这些媒体工具的运用,中国的电化教育逐渐迈入了发展的轨道,这标志着我国电化教育的起步,也为未来的教育技术发展打下了基础。尽管这一阶段的发展在教育进程中发挥了积极的推动作用,但其发展一直处于较为自发的状态,还未形成系统化的框架和规范。然而,正是这一时期的初探和实践,为后来我国现代教育技术的蓬勃发展奠定了重要的基础。

2. 初步发展阶段

新中国成立后,我国现代教育技术迎来了蓬勃的发展,开启了全新的篇章。1949年11月,文化部科技普及局设立了电化教育处,该处被委以领导全国教育技术工作的重要使命。在这一历程中,播音教育和电视教育蓬勃兴起,成为社会教育不可或缺的重要形式。同时,学校内的电教设施也推动了教育改革的深入进行。而在高等教育领域,诸如北京师范大学、西北大学等多所高校纷纷开设了"电化教育""视听教育"等创新课程,为教育的现代化注入了新的活力。

3.重新起步和迅速发展阶段

自20世纪20年代将视听教育引入中国,并赋予其"电化教育"的名称以来,我国在教育技术研究与实践领域已经累积了逾90年的历程,然而真正的重大发展阶段却是在改革开放后的40年间。自1979年起,教育部设立了电化教育局与中央电教馆,这两个机构负责统领全国范围内的电教管理与专业业务。在各级电化教育机构的积极组织与不懈努力下,中小学乃至高等院校的电化教育工作得以迅速展开。值得一提的是,得益于国家和地方对教育技术发展的高度重视,我国在近40年间不断更新现代化教育所需的设备与设施,这为教育现代化建设奠定了坚实的物质基础,进一步推动了我国现代教育技术的蓬勃发展。

建立在计算机应用基础上的信息技术已然成为现代教育技术的主流,而深入推进计算机教育则成为全球范围内教育革新的关键内容。早在1978年,北京师范大学就率先创立了现代教育技术研究所,专门从事计算机辅助教育的研究,为后来的发展奠定了基础。随着20世纪90年代的到来,多媒体计算机应用在教育领域的需求迅速攀升,这也标志着我国现代教育技术迎来了蓬勃的发展时期。

三、现代教育技术的发展趋势

在当今社会,计算机技术、卫星通信技术、网络技术、虚拟现实技术以及人工智能技术等正以惊人的速度迅猛发展,这不仅引领着科技领域的进步,也为现代教育技术的未来发展描绘出了令人振奋的前景。随着这些技术的不断演进,教育领域将逐步朝着网络化、多媒体化、智能化的方向发展,这意味着学习将不再受时间和地点的限制,学生们能够通过网络获取到丰富的学习资源,多媒体技术将使教育更加生动有趣,而智能化的教育工具将有助于个性化教学的实现。与此同时,现代教育技术也将更加注重理论研究的深入,不断探索教育的本质和方法,以便更好地指导实际教学。这些技术的融合和应用模式的多样化,将为教育领域带来前所未有的变革,为培养适应未来社会需求的人才提供了全新的机遇。

1. 网络化

自20世纪90年代以来,随着全球性计算机网络的蓬勃兴起,信息传递的方式、速度、距离以及覆盖范围都发生了巨大的变革。特别是 Internet 的引入及其迅猛发展,必将在未来教育领域产生深远的影响。这种影响不仅仅体现在教学手段和教学方法的改变上,更将引发教学模式和教学体制的根本性变革。在网络环境的支持下,教育不再受限于传统的面对面授课,而是能够实现个性化学习与协作式学习的有机结合。学习者可以根据自己的需求和兴趣灵活地安排学习,从而实现因材施教的教育理念,这也为创造全新的网络教学模式创造了契机。

2. 多媒体化

多媒体技术,又被称为计算机多媒体技术,是一种通过计算机对文字、数据、图形、图像、动画以及声音等多种媒体信息进行综合处理和管理的技术。其主要目标是实现用户与计算机之间的交互式信息实时交流,通过多种感官的参与,创造出更丰富、更生动的数字化体验。这项技术的发展不仅丰富了人们获取和共享信息的方式,也推动了各个领域的创新发展,为教育、娱乐、商业等领域带来了深远的影响。从展示静态图像到展现生动的三维动画,从单一的文字交流到多元化的声音、图像互动,多媒体技术不断拓展着人们与科技之间的界限,为数字化时代注入了活力。

多媒体技术的涌现,为教育领域的进步注入了活力,主要体现在以下几个方面:首先,电子出版物的普及推动了教育资源的数字化转型,丰富了教材内容的呈现形式。其次,教学信息的超文本组织结构方式使得学习变得更加灵活和个性化,学生可以根据自身需求按照不同路径探索知识,从而更好地满足多样化的学习风格。最后,虚拟现实技术的不断发展为教育带来了前所未有的机遇,它为学生提供了身临其境的学习体验,能够模拟各种场景,激发学生的兴趣和参与度,促进更深层次的理解与探索。综合而言,多媒体技术为教育注入了新的活力,为学习创造了更为丰富多彩的可能性。

3. 智能化

人工智能(Artificial Intelligence,AI)技术是一门新兴学科,致力于模拟人类智能活动能力的研究。随着人工智能技术与计算机技术的深度融合,智能化计算机辅助教学系统(ICAI)以及智能化教学系统(Intelligent Tutoring System,ITS)应运而生。这些系统以认知科学为理论基础,整合了人工智能技术、计算机技术以及教育心理学等多个领域的知识,旨在为学生提供一种创新的教育方式,实现高效的教育目标。

4. 理论研究的深入化

随着现代教育技术的不断发展,对其理论基础的研究正在持续深入,并进一步强调将认知学习理论与实际教育技术应用相结合的探索。首先,基于认知科学的教育技术研究正取得积极进展,致力于深入探讨学习过程中的认知机制和信息加工规律,这为教育技术的设计和应用提供了坚实的科学基础。其次,多学科融合成为一个明显趋势,教育技术研究正逐渐汇聚计算机科学、心理学、教育学等多个领域的理论,形成了跨学科的研究模式,从而推动了教育技术的全面创新和应用拓展。再次,针对学习者个体差异的定制化教育技术也在不断涌现,充分运用人工智能、数据挖掘等先进技术,以精准满足学习者的个性化需求,从而有效提升教学效果。最后,教育技术研究逐渐将焦点转向教育公平与包容,探索如何借助技术手段来减小教育资源和信息的不平等现象,推动教育的公平发展。总而言之,现代教育技术的理论研究正朝着更加深入、综合、人性化和公平的方向持续演进。

5. 应用模式的多样化

教育技术的应用模式主要涵盖了四种不同的方法,包括基于传统教学媒体(如幻灯、投影、视听设备、语言实验室等)的"常规模式"、以多媒体计算机为基础的"多媒体模式"、依赖于互联网的"网络模式"以及借助计算机仿真技术构建的"虚拟现实模式"。在当前的中小学校中,尽管多种模式并存,但常规模式仍然是主要的且被广泛采用的方法。随着技术的进步,多媒体模式和网络模式逐渐成为中小学教育追求的发展方向。无论选择何种模式,都应始终将学习目标置于首位,合理权衡成本与效益,确保在教育过程中以最小的投入获得最大的教学效果。

四、教育技术的未来展望

(一)全球视野下教育技术的未来发展趋势

在面向全球范围的前景中,教育技术的未来发展呈现出几个令人瞩目的趋势。首先是个性化学习与自适应教育的蓬勃发展,这将赋予学习以更具针对性的方式,让教育更贴近个体需求。其次,虚拟与增强现实技术的广泛应用也是一大亮点,这些技术不仅能够增添趣味性和互动性,更能够将抽象的知识转化为直观的体验。此外,在线教育和远程学习的普及也将成为重要趋势,通过突破时空限制,优质教育资源能够跨越地域传递,让学习变得更加灵活便捷。这些技术的集成与发展不仅将推动教育资源的全球共享,还将提升教育的质量和效率,为学生带来更加多元且丰富的学习体验。

1.个性化学习和自适应教育

随着教育技术的迅猛发展,个性化学习和自适应教育正在逐渐演变为未来教育的主流趋势。这一潮流在教育领域引发了深远的变革,教育技术能够充分利用大数据分析、人工智能和机器学习等前沿工具,根据学生的学习习惯、认知特点和兴趣爱好,为他们量身打造教学内容和学习路径。这种高度个性化的学习方式不仅能够提升学生的学习效率,更能够充分发挥每位学生的独特优势,激发他们的学习动力和兴趣。例如,美国知名的教育科技公司 Knewton 就研发了一套创新的个性化学习平台。通过精准收集学生的学习数据,该系统能够智能分析每个学生的学习表现和知识水平,随后智能地推送适合他们的教学内容和练习题目,从而极大地增强了整体的学习效能。这种以学生为中心的教育范式正以前所未有的方式重新定义着教与学的未来。

2.虚拟和增强现实技术的应用

虚拟现实(Virtual Reality,VR)和增强现实(Augmented Reality,AR)技术预计将在教育领域发挥极为显著的作用。这些创新技术有望为学生创构沉浸式的学习体验,为他们提供更加直观、互动和深度的学习方式。透过虚拟实验室、虚拟实地考察等手段,学生能够更为深入地理解那些抽象概念以及与现实世界紧密相关的知识。举个例子,医学教育领域正在采用虚拟现实技术来模拟外科手术过程,使学生能在虚拟环境中进行实际操作,从而提升他们的技能水平和自信心,同时减少潜在的风险因素。这一切都将为教育带来深远而积极的变革。

3.在线教育和远程学习

近年来,随着互联网的广泛普及和网络带宽的不断提升,在线教育与远程学习已经迈向了全球教育的前沿。这一趋势不仅仅是在教育领域引发了深远的变革,同时也为学生们带来了前所未有的学习便利。通过在线学习平台,学生们不再受限于地理位置和时间,可以随时随地获取高品质的教育资源。这种变革不仅仅为学习者提供了更加灵活的学习机会,同时也有助于在一定程度上消除全球范围内贫困地区和发展中国家所面临的教育壁垒。诸如Coursera、edX等在线学习平台,为广大学子呈现了来自世界一流大学的丰富课程,让他们能够在舒适的家中,接触来自世界各地的卓越教育资源。

(二)中国教育技术的未来发展趋势

近年来,我国在教育信息化领域取得了显著进展,教育信息化水平在不断提升。尤其是在计算机、交互式设备、多媒体和互联网等技术快速发展的推动下,新的教学形式和辅助手段,如慕课、微课以及翻转课堂等,正日益广泛地融入教育实践,从而极大地提升了学习效率和教学效果。然而,这一进程也伴随着一系列挑战。展望未来,中国教育技术的发展将呈现出科技与教育的深度融合,在线教育与远程教育的进一步融合,以及STEAM教育和终身学习的强化。这些引领发展的趋势将深刻地改变传统的教育模式,从而提升教育质量和普及程度,为学生和教师创造更为优质的学习环境和教学环境。

1.科技融合与教育融合

随着科技不断演进,教育领域正逐渐融入科技的浪潮。未来,教育技术有望深刻融入教学实践,从而显著提升教育效果与学习体验。在这一趋势中,人工智能、大数据分析、虚拟现实以及增强现实等前沿技术将扮演重要角色。举例来说,借助AI技术,教学内容和反馈将根据学生的学习状况和兴趣进行个性化定制;同时,通过大数据分析,教师将更深刻了解学生的学习进度与问题,从而更精准地调整教学策略;至于VR和AR技术,则有望带来身临其境的学习体验,为学生拓展认知视野和感知层面。这些趋势将共同塑造未来教育的面貌,让学习变得更为智能和引人入胜。

2. 在线教育与远程教育

随着互联网的广泛普及以及网络技术的不断提升,在线教育和远程教育势必将迎来更加持续的发展势头。随着时间的推移,我们可以预见各式各样的在线教育平台层出不穷,它们将为学习者提供更加多元化且极具便捷性的学习内容。通过网络,学生和教师能够进行无距离的交流与学习,从而突破地域的束缚,实现全球范围内教育资源的分享与互通。尤其值得关注的是,在偏远地区以及发展中国家,远程教育将扮演重要角色,填补教育资源匮乏的空白,进一步推动教育公平的达成。

3. STEAM教育和终身学习

STEAM教育,即集科学、技术、工程、艺术和数学等学科共同构成的综合教育。这种教育理念正逐渐崭露头角,成为未来教育的重要方向。STEAM教育突出了不同学科间的融合,其目标在于培养学生的创新思维以及解决问题的能力。与此同时,随着社会的发展,终身学习的理念也越发受到重视,教育的范围不再局限于特定的年龄段,而是贯穿于人们的一生。因此,未来的教育技术势必更加专注于个性化学习和灵活性,以便为各个年龄层次的学习者提供适应其需求的教育内容和学习方式。

第三节　教育技术的研究内容和应用领域

一、教育技术的研究内容

1. 教学设计与教育理论

教育技术领域的研究之一集中在教学设计和教育理论的实际应用上。在这一领域中,学者们聚焦于探索如何精心策划和组织教育活动,以及如何明晰选择适切的教育理念和方法,从而指导日常的教学实践。在这个广泛的主题下,研究人员深入研究教育目标的设定、课程的精心设计、教材的开发创新以及有效的评估策略等课题。同时,他们也积极尝试融入现代化的技术手段,以全面支持和提升教学效果。通过这种方式,教育技术研究不仅仅关注教育的理论层面,更致力于将这些理论转化为切实可行的教学方法,从而在不断变革的教育环境中取得积极的影响。

（1）教学设计的基础理论。教学设计作为教育技术领域的核心，必须在教育理论的指导下进行。举例而言，行为主义理论强调学习者对刺激的反应和反馈，因此，教学设计可融入行为主义原则，以奖励和反馈的手段来提升学习成效。而构建主义理论则注重学习者的积极参与和知识构建过程，因此，教学设计应鼓励学生自主探索和协作学习。教学设计的关键在于从教育理论中汲取智慧，选择适宜的理论框架以指导实践，并为教学活动提供理论支持。这种紧密的理论与实践结合，有助于创造更具效益的教学体验，促进学生的深层学习和全面发展。

（2）教育理论应用于教学设计。教育理论为教学设计提供了丰富的指导原则和方法，以实现更具体的教育实践。举例来说，认知学习理论注重知识的组织与构建，因此教学设计可以应用概念图、问题解决策略等工具，以协助学生建立起坚实的知识结构。而社会文化理论则强调学习是社会互动的产物，因此教学设计可以积极促进学生之间的合作与互动，营造有益的学习情境。将这些丰富的教育理论与实际教学设计紧密结合，将理论原则转化为切实的实践策略，有助于提供更为有效的教学方法，进一步丰富教育技术的研究领域。

（3）教学设计的反思与改进。教育技术的研究领域涵盖了对教学设计进行持续反思和改进的重要内容。在不断演化的教学设计过程中，持续的评估和调整显得尤为关键。借助教育理论所提供的评估和反思框架，如反思实践模型以及课程评估方法等，研究者能够有效地审视教学设计的成效，深入发掘潜在问题，并提出改进方案。透过反复的自我审视和调整，教育技术有望不断优化教学设计，进一步提升学习效果。

总之，将教学设计与教育理论融为一体，使得教育技术得以为教学实践提供更加科学的支持和指导。这种有机结合促使教学活动更加符合教育目标，更加贴近学习者的需求。因此，在教育技术的研究与应用中，重视教学设计与教育理论的关联，是提高教育效果和培养更优秀人才的关键之一。

2. 学习科学与认知心理学

深入探索科学与认知心理学对于教育技术研究的价值不言而喻。这一领域的研究专注于揭示学习过程中复杂的认知机制、高效的学习策略以及深刻的记忆过程等课题。通过运用多种方法，如实验研究和脑成像技术，研究者们努力探寻学习的内在本质和规律,力图将这些深奥的理论应用于教育技术的创新设计与实际应用之中,旨在显著提升学习者的学习效果与认知能力。这种跨学科的融合不仅加深了我们对于人类学习行为的理解,更为教育领域的发展带来了前所未有的机遇,为创造更具吸引力和高效的教育技术环境铺平了道路。

(1)认知过程与学习策略。学习科学和认知心理学专注于深入探究人类的认知过程,其中包括但不限于注意力、记忆、思维以及问题解决等方面。这些深刻的探索成果不仅有助于教育技术设计者更好地理解学习者在学习过程中所面临的认知需求与挑战,更为重要的是,这些发现也为他们提供了开发出更为切实有效的学习策略与工具的理论指导。举例来说,通过认知心理学的研究,我们将庞大的学习内容切割成小块,并将学习时间分散安排,能够显著提升记忆效果。这个重要原则能够直接应用于电子学习平台的设计中,通过将学习内容分割成易于消化的部分,并在合适的时机进行复习,从而有助于学生巩固所学知识。

(2)学习动机与情感因素。在研究学习科学和认知心理学的同时,人们也深入探究了学习过程中的动机和情感因素对于取得学习效果的影响。这个领域不仅关注知识传递本身,更关心如何唤起学习者内在的求知欲望,以及如何打造愉悦且有意义的学习体验。举例而言,自我决定理论为教育技术的设计提供了新的视角。借助这一理论,教育技术可以赋予学习者更多选择的权利,从而增强他们在学习过程中的自主性,从而进一步激发学习动机,并提升参与度。因此,在教育技术的发展中,融入这些心理学和科学原理,以促进学习者全面的成长和发展,显得愈发重要。

(3)学习成果评估。研究科学和认知心理学领域的成果,对于教育技术设计者开发出有效的学习成果评估工具和方法具有重要的启发意义。深入了解学习者的认知过程和学习策略,能够引导设计出更为准确和全面的评估方式,这种方式不仅仅聚焦于学习的最终结果,更能够深刻洞察学习的整个进程以及个体能力的逐步发展。一个典型的案例是,认知心理学研究揭示了元认知策略(如对学习过程的监控和调节)与学习成果之间的紧密联系,这意味着教育技术可以融合元认知提示或工具,以协助学生更有效地管理他们的学习过程,从而提升他们的学习成果。这种方法不仅能够定量评估学习者的知识水平,还可以从质的方面理解他们的学习路径和策略,从而为教育技术的发展提供深刻的指导。

(4)个性化学习和适应性技术。现代教育领域受益于学习科学和认知心理学的深入研究,这种趋势积极地推动了个性化学习的迅速发展。在个性化学习模式下,教育不再是一种固定的抽象概念,而是根据每位学习者的独特需求和特点量身定制的教育体验。通过充分利用认知心理学所揭示的关于学习过程的深刻理解,教育技术得以运用创新性的适应性方法。这些方法使得教育技术能够根据学习者的认知状态和学习进展进行实时调整,以确保所提供的学习内容和难度始终与学习者的个体情况相契合。这种精心雕琢的学习支持方法有助于提升学习效果,进而推动教育领域朝着更为个性化和高效的方向发展。

深入研究科学和认知心理学为教育技术的发展和实际应用提供了坚实的理论根基和具体支持。透过对认知过程、学习策略、学习动机以及情感要素等方面的深刻探索,教育技术得以更为精准地规划与完善学习环境,从而显著提升学习者的学习效能和愉悦体验。

3.科技工具与学习环境

教育技术的研究不仅仅限于理论探讨,还积极关注于开发和应用各种科技工具以及创新学习环境,以更好地支持教学和学习活动的展开。这个领域的研究范围广泛,涵盖了教学软件、电子学习平台、智能教室等多种技术工具的开发,同时也包括了虚拟现实、增强现实、移动学习等新兴学习环境的深入探索。研究者们不仅注重技术工具和学习环境的功能设计,更关切用户体验、界面设计等方面的问题。为了更准确地评估这些创新工具和环境对学习效果以及学习动机的影响,研究者们积极进行实证研究,不断拓展我们对于教育科技的认识。

(1)学习管理系统。学习管理系统(Learning Management System,LMS)作为一种科技工具,被广泛应用于管理和协调学习活动。其功能包括在线课程管理、学生信息维护、作业提交和成绩追踪等,为教育领域带来了高效的组织和监管手段。通过LMS,教师能够更有效地策划课程内容,全面了解学生的学习进度,并针对个体提供量身定制的学习支持和反馈,有力地推动了个性化教育的实施。除此之外,LMS还构建了学生与教师之间的互动平台,为他们提供了交流、协作和讨论的渠道,从而在促进学习者之间的积极互动与合作方面发挥了重要作用。

(2)电子学习资源。电子学习资源的范围广泛,涵盖了数字化的教材、课件、多媒体资料以及网上图书馆等多种形式。这些资源不仅限于传统的文字内容，还包括图像、音频和视频等多种多样的元素，为学习过程注入了更丰富的内容。通过网络和电子设备的支持，学生和教师能够轻松地访问和应用这些资源，从而在学习过程中获得更加灵活和便捷的体验。教师在教学中可以巧妙地利用这些电子学习资源，为学生提供适应不同学习风格和需求的学习材料，促进他们更深入、更全面地理解所学内容。这种多样性和灵活性的结合，有助于激发学生的学习兴趣，提升他们的参与度和自主学习能力。

（3）虚拟现实与增强现实。虚拟现实和增强现实技术为学习者创造了引人入胜的学习环境，带来了身临其境的互动体验。通过运用 VR 设备或 AR 应用，学生能够身临其境般地探索各种情境，从虚拟实验到遥远的虚拟实地考察，丰富了他们的学习过程并提升了理解力。除此之外，这些技术还为学生量身定制了学习机会，根据个体的学习需求和兴趣，为他们提供量身打造的学习内容和实时反馈，从而进一步激发学习的热情和动力。

（4）移动学习。移动学习是一种灵活便捷的学习方式，它借助移动设备（如智能手机、平板电脑）为学生提供了随时随地的学习机会。学生能够通过这些移动设备轻松地获取学习资源，参与在线课程，并与教师以及同学进行互动交流。此外，移动学习还可以充分利用位置感知技术和社交媒体等创新工具，将学习与现实世界紧密结合，为学生提供更加丰富和互动性强的学习体验，从而进一步激发学习的兴趣和动力。

（5）数据分析与个性化学习。利用数据分析技术，教育界能够收集并深入分析学生在学习过程中产生的各种数据，涵盖了学习行为、学习成绩等多个方面。借助对这些数据的细致研究，教师能够深入洞察学生的学习需求和面临的难题，从而为他们提供个性化的学习支持和针对性的指导。而依托于学习分析技术构建起来的个性化学习系统，更能根据每位学生的学习表现和独特特点，自动调整教学内容以及学习路径，从而为学生打造出量身定制的学习体验。这种以数据为基础的教育方式，无疑将会为教育领域带来革命性的改变，促进学生在个人化的学习环境中取得更为优异的成果。

总体而言，教育技术的研究领域涵盖了多方面的科技工具和学习环境，其中包括但不限于学习管理系统、电子学习资源、虚拟现实与增强现实、移动学习，以及数据分析与个性化学习等。这些科技工具和学习环境的广泛应用为教育领域带来了积极影响，不仅能够提升教学效果，还能够激发学生的参与热情。更为重要的是,它们支持个性化、灵活和创新的学习方式,为学生提供了更多适合其需求和兴趣的学习机会,进一步促进了教育的发展与进步。

二、教育技术的应用领域

1.教学和学习支持

教育技术的迅猛发展为教师和学生带来了广泛的工具和资源,有力地促进了教学和学习的进程。以电子学习平台和在线课程为例,它们创造了一个便捷的学习环境,使得学生能够不受时间和地点的限制,随时随地地获取教学资源,并积极参与到丰富多样的课程活动中,与教师和同伴展开有意义的互动。而在智能教室和交互式白板的引领下,教学方式也焕发出新的光彩。通过这些工具,教师们能够更富有吸引力地呈现教学内容,借助多媒体元素激发学生的兴趣,而学生们则能够通过积极互动,深度融入学习过程,实现更加全面的知识吸收与掌握。这些教育技术不仅为教育注入了新的活力,也在很大程度上丰富了教学和学习的内容。

(1)学习资源和内容提供。现今,教育技术为教师和学生构筑起了一个广阔而多元的学习天地。在这个数字化的时代,通过电子学习平台、在线课程以及数字化图书馆等,学生们获得了前所未有的学习机会。这些平台赋予学生们访问各类教材、教学视频以及互动模拟软件的机会,进而助推他们更加深刻地理解和熟练掌握所学知识。从而,教育不再受时间和地域的限制,学习资源的丰富多样性也为个性化学习提供了强有力的支持。

(2)交互和合作学习。教育技术的引入不仅加强了学生之间的互动与合作学习,同时也在更广泛的层面上推动了这一趋势。透过智能教室所提供的交互式白板和协作工具,学生得以积极参与课堂互动,共同探讨难题、交流观点,并共享学习资源。与此同时,学生还能够借助社交媒体平台和协作工具,展开线上合作,共同完成各类作业和项目,从而培养团队合作能力以及有效的沟通技巧。这样的趋势不仅仅体现在传统的面对面互动中,也在线上协作中得以显现,为学生提供了更为广阔的合作交流平台。

(3)沉浸式学习体验。虚拟现实和增强现实技术在教育领域中展现出了令人兴奋的潜力,为学生带来了前所未有的沉浸式学习体验。通过模拟真实情境或将虚拟元素叠加到真实环境中,这些技术为学生提供了丰富的学习机会。例如,学生可以通过虚拟实验深入探究抽象的科学理论,从而更加深刻地理解和记忆相关概念。同时,他们还能够通过虚拟实地考察来探索遥远的地理位置或历史事件,将学习变得生动而具体。综合而言,虚拟现实和增强现实技术为学生带来了更加个性化和更具互动性的学习方式,激发了他们对知识探索的兴趣,丰富了他们的学习体验。

2.个性化学习和自主学习

教育技术有助于实现个性化学习,根据学生的学习需求和兴趣,提供个性化的学习内容和学习路径。通过学习管理系统和数据分析技术,教师可以获取学生的学习数据并进行分析,从而为每个学生提供针对性的学习建议和支持。同时,教育技术还促进了学生的自主学习,学生可以根据自己的节奏和喜好选择学习资源,并通过在线讨论和协作工具与同学进行学习交流。

(1)个性化学习。通过教育技术的应用,可以根据学生的个体差异和学习需求,提供个性化的学习体验和支持。具体而言,个性化学习的应用领域包括以下方面。

1)个性化学习路径。教育技术可以根据学生的学习进展、兴趣和能力,为每个学生设计独特的学习路径。这意味着学生可以按照自己的学习节奏和需求,选择适合自己的学习内容和资源。

2)自适应学习系统。教育技术可以通过自适应学习系统,根据学生的学习表现和反馈,实时调整学习内容和难度,以满足学生的学习需求和提供恰当的挑战。

3)学习分析和个性化建议。教育技术可以收集和分析学生的学习数据,如学习行为、学习成绩等,从中提取洞察力,并提供个性化的学习建议和支持,帮助学生改进学习策略和提高学习效果。

(2)自主学习。自主学习是培养学生主动、自律和持续学习能力的重要目标,教育技术的应用可以在以下方面促进自主学习。

1)学习资源的开放性和多样性。教育技术可以提供丰富多样的学习资源,包括在线课程、开放式教材、网络图书馆等。学生可以根据自己的兴趣和需求,自主选择学习资源,并探索自己感兴趣的领域。

2)学习管理和组织工具。教育技术提供学习管理和组织工具,如电子学习平台和个人学习管理系统,帮助学生规划、管理和跟踪自己的学习进程。学生可以自主安排学习时间、制定学习目标,并监控自己的学习成果。

3)协作和交流平台。教育技术提供了各种协作和交流平台,如在线讨论论坛、协作编辑工具等,促进学生之间的互动和合作学习。学生可以自主选择参与讨论、合作项目,并通过与同学和教师的互动,提升自己的学习效果。

(3)教师的角色转变。个性化学习和自主学习的应用需要教师的支持和引导。教育技术的应用在教师的角色转变方面起到了积极作用。

1)教师作为导师和指导者。教师可以利用教育技术的数据分析和个性化建议,为学生提供针对性的指导和支持。他们可以通过监控学生的学习进展、鼓励学生的自主学习和提供个性化的反馈,帮助学生发展自主学习能力。

2)教师与学生的合作学习。教师可以与学生一起探索和利用教育技术的应用,共同制定学习目标和计划,并通过协作和交流平台进行互动和合作。教师可以与学生共同评估和反思学习成果,帮助学生建立自主学习的意识和能力。

3)教师的专业发展。教育技术的应用要求教师具备相关的技术和教育理念。因此,教师需要参与专业发展活动,不断更新自己的技术知识和教育方法,以更好地支持个性化学习和自主学习的实践。

通过个性化学习和自主学习的应用,教育技术可以满足学生的个体差异和学习需求,培养学生的自主学习能力,并提供个性化的学习支持,从而促进学生的学习效果和发展。

3.远程教育和在线学习

教育技术在远程教育和在线学习方面发挥了巨大的作用。通过视频会议、在线课程和远程学习平台,学生可以在不同时间不同地点参与学习,打破了时间和空间的限制。远程教育尤其对于那些地理位置偏远或无法到校学习的学生具有重要意义,同时也为成年人继续教育提供了便捷的途径。

(1)全球范围的学习机会。远程教育和在线学习打破了传统教育的地域限制,学生可以通过互联网参与世界各地的学习课程和项目。这为学生提供了更广泛的学习机会,使他们能够接触到不同文化和知识领域的内容。

(2)弹性学习方式。远程教育和在线学习提供了弹性的学习方式,学生可以按照自己的节奏和时间安排学习。他们可以选择最适合自己的学习时段,灵活地安排学习进度,并在自己感觉最佳的环境中进行学习,提高学习效果和参与度。

（3）多媒体和互动学习。在线学习利用多媒体技术(如视频、音频、动画等)提供丰富的学习资源,增强学习内容的吸引力和可理解性。学生可以通过在线讨论、实时互动和协作工具与教师和其他学生进行交流,促进学习共同体的建立。

（4）终身学习机会。远程教育和在线学习为学生提供了终身学习的机会。无论年龄、职业或地理位置如何,个人都可以根据自己的兴趣和需求选择适合的在线学习课程和资源,进行持续的学习和专业发展。

（5）教育资源共享和开放教育。远程教育和在线学习促进了教育资源的共享、更新了开放教育的理念。教师和教育机构可以共享教学材料和课程设计,促进教学经验的交流和教育创新,同时为那些无法获得传统教育的人群提供教育机会。

远程教育和在线学习利用教育技术为学生提供了更广泛、弹性和个性化的学习机会,打破了传统教育的限制,推动了教育的全球化和普惠性。它们为学生提供了灵活的学习方式和资源,促进了学习者的主动参与和自主学习能力的培养。

第四节　教育技术给教学带来的影响

教育技术在教学中发挥了巨大作用,提升了学习效率和学习成果,支持了教师的专业发展,同时也促进了学习空间的拓展和跨文化交流的发展。但是,教育技术并非万能的,它需要合理地运用和结合教育教学实际,才能最大程度地发挥其积极影响。

一、提升学习效率和学习成果

教育技术的发展为教学带来多样化和个性化的学习体验,为学生提供了灵活性和自主性。通过数字化教材、教学软件和在线学习平台,学生能够按照自己的学习进度和个人兴趣进行学习,从而实现个性化的学习路径。

这种自主性的学习方式有助于提高学生的学习动机,因为学生在更自由的环境中能够更好地掌握知识,激发他们对学科的兴趣。

个性化学习不仅能够提高学生的学习动机,还有助于提升学习效果。通过在线自主学习,学生可以更灵活地安排学习时间,重复学习困难的知识点,加深对学科的理解。同时,教育技术的数据分析功能使教师能够及时了解学生的学习表现,有针对性地调整教学策略,满足学生个性差异,促进学生更全面地发展。

数字化教育资源的共享和开放是教育技术的又一优势。以 Coursera 和 edX 为例,这些知名大学的在线开放课程平台为全球学生提供了高质量的课程资源,不受地域和学校限制。这种开放性的教育资源让更多人能够自由获取知识,实现了教育的公平与共享,推动了全球范围内的学习和知识传播。

二、提高教学效率和教师专业发展

教育技术的发展为教师提供了广泛的教学工具和辅助资源,这一方面在教学过程中增强了教学效果,另一方面为教师提供了更多的专业发展机会。

首先,电子白板、教学投影仪、教学软件等工具为教师提供了多样化的展示和讲解手段。通过这些先进的技术工具,教师能够以更生动、更直观的方式呈现学习内容,激发学生的兴趣,使学习变得更加互动和有趣。

其次,教育技术通过网络平台为教师创造了一个共享和交流的环境。教师可以通过在线资源库、教学社区等渠道,寻找和分享各类教学案例和有效的教学方法。这种信息共享促进了教学经验的传递,使教育者能够更深入地借鉴他人成功的经验,不断优化自己的教学策略,提高教学水平。

最后,教育技术为教师提供了继续专业发展的便捷途径。通过参与网络课程、教育研讨会等在线学习活动,教师能够灵活安排学习时间,不受地域和时间的限制,获取最新的教学理念、教育法规等知识。这为教师不断更新教学理念、提升教学技能提供了有力支持,使其能够更好地适应不断变化的教育环境。

三、拓展学习空间和跨文化交流

教育技术的发展深刻改变了传统教育的时空格局,为学习者提供了更为灵活的学习方式。

首先,通过在线教学和远程教育,学生不再受制于特定的地点和时间,可以随时随地进行学习。这种自由度的提升使得学生可以更加便捷地安排学习计划,不再受到课堂上的时间限制,充分发挥个体的学习效率。无论是在校内还是在家中,学生均能享受到优质的教育资源,这对于提高学生的学习兴趣和积极性起到了积极的促进作用。

尤其对于偏远地区的学生而言,教育技术的突破意味着他们能够跨越地域的限制,获得与城市地区学生相当的学习机会。通过数字化教育平台,偏远地区的学生可以与全国范围内的优秀教育资源相连接,弥补了地理位置所带来的不平等。这有助于缩小城乡差距,为更多学生提供平等接受教育的机会,实现教育资源的均衡配置。

其次,教育技术也催生了跨文化交流的新形式。学生和教师通过互联网平台能够轻松地与全球范围内的人们交流与互动,了解不同国家和地区的文化背景、教育体系,从而促进多元文化的理解和融合。这种跨文化交流有助于培养学生的国际视野和跨文化沟通能力,为他们更好地适应全球化社会做好充分准备。

四、增强教学的趣味性和互动性

多媒体教学、虚拟实境等技术的广泛应用在教学中引入了更为丰富和引人入胜的元素。首先,多媒体教学通过融合文字、图像、音频和视频等多种媒体形式,能够以更直观、生动的方式向学生呈现知识。这不仅有助于吸引学生的注意力,而且能够满足不同学习方式和感知习惯的学生的需求,提高教学的针对性和灵活性。虚拟实境技术则更进一步地提供了沉浸式学习体验,使学生仿佛身临其境,能够更深入地理解抽象概念,激发学习兴趣。

其次,互动式的教学软件和在线讨论平台为教学注入了更强的参与性和互动性。学生不再是被动接受知识,而是通过与教学软件的互动或在线平台的讨论,积极参与到知识构建的过程中。这种互动不仅提高了学生的学科素养,还培养了其批判性思维和问题解决能力。教师可以借助互动式教学工具更好地了解学生的学习状况,及时调整教学策略,实现个性化教学。

最后,这些技术的应用不仅提高了教学效果,也为师生之间建立更紧密的联系提供了途径。通过在线讨论和合作,学生能够与同学分享观点、解答疑问,促进学科交流与合作。教师则可以通过多媒体教学工具对学生的学习情况进行全面了解,更有针对性地进行教学设计。因此,多媒体教学和互动式学习平台的结合为教育带来了全新的维度,构建了更为开放、互动和灵活的学习环境。

五、培养信息素养和创新思维

教育技术的应用不仅仅是信息获取的工具,更是一个促使学生全面提升的平台。通过数字化的学习资源,学生能够在更广泛的范围内接触到实时、多元的信息,这不仅有助于拓展其知识面,还培养了他们从庞杂信息中筛选、评估和利用的能力。在教育技术的支持下,学生能够参与到更加开放和创新的学习环境中,通过虚拟实验、在线合作等方式,拓展了他们的学习经验。这种创新型的学习不仅激发了学生的兴趣,同时也培养了他们解决实际问题的灵活性和创造性思维。因此,教育技术的应用不仅提高了学生的信息素养,更深化了他们的创新意识和解决问题的综合能力,为未来社会的复杂挑战做好了充分准备。

六、弥补资源差异,促进教育公平

教育技术通过提供在线课程、数字化教材等方式,有助于弥补地域和资源差异,为不同地区的学生提供平等的学习机会,促进教育公平。这种方式对于偏远地区的学生和资源匮乏地区的学校具有重要意义。

在偏远地区,由于交通和地理条件的限制,传统的教育资源难以覆盖每一个学生。教育技术通过在线课程的形式,打破了时空的限制,使得偏远地区的学生可以在不受地理位置限制的情况下获得高质量的教育资源。这有助于减少城乡教育差异,提高农村学生的学习水平,进而促进教育公平的实现。

对于资源匮乏地区的学校而言,教育技术的应用也具有显著的价值。

数字化教材的使用不仅可以减轻教师编写教材的负担,还能够提供丰富多样的学习资源。这种方式降低了学校购买、更新教材的成本,使得学校更容易获取到最新的教育资源,改善了教育条件。这对于提升学生的学科水平、培养综合素质具有积极的影响。

然而,需要注意的是,教育技术在推动教育公平的同时,也要关注数字鸿沟的问题。一些地区可能由于网络不通畅或设备缺乏而难以享受到这些优质教育资源。因此,在推进教育技术的同时,还需要加强对基础设施的建设,确保所有学生都能够平等地受益于现代化教育。

第五节 信息时代的教师专业发展

一、信息时代与现代教育

1.教学方法的转变

信息时代提供了广泛的信息和知识资源,教师不再是传统意义上的知识传授者,而是慢慢转变为引导者和学习的促进者。教学方法从以教师为中心的传统教学模式转变为以学生为中心的学生主导学习模式,注重培养学生的创造力、批判思维和问题解决能力。

(1)学习者为中心的教学方法。传统的教学方法以教师为中心,教师在课堂上起主导作用,而学生则被动接受知识。然而,在信息时代,学习者为中心的教学方法变得更加重要。教师的角色变为引导者和指导者,鼓励学生积极参与学习过程,并提供个性化的学习支持。这种方法注重培养学生的自主学习能力、批判性思维和解决问题的能力。

(2)利用技术促进教学。信息技术的广泛应用改变了教学方式。现代教育中,教师可以利用各种技术工具和资源来支持教学,如电子白板、多媒体演示、在线资源和应用程序等。这些技术不仅可以增强教学的互动性和趣味性,还能够提供丰富的多媒体学习材料,帮助学生更好地理解和掌握知识。

(3)强调合作和交流。信息时代提供了许多社交媒体和协作工具,教育中也开始强调合作和交流的重要性。学生可以利用这些工具与同学和教师进行实时的互动和合作,分享资源、讨论问题、共同完成项目等。这种合作和交流的教学方法有助于培养学生的团队合作能力、沟通能力和解决问题的能力。

(4)个性化学习和自适应教育。信息时代的技术可以收集和分析学生的学习数据,为教师提供个性化的教学支持。通过评估学生的学习需求和进展,教师可以提供定制的学习资源和个性化的指导,帮助学生在适合自己的学习节奏下取得进步。这种个性化学习和自适应教育方法可以更好地满足学生的个体差异和学习需求。

(5)跨学科和实践导向的教学。信息时代的知识爆炸和跨学科发展要求教育更加注重跨学科的教学方法。现代教育鼓励学科之间的融合和综合应用,培养学生的综合素养和解决实际问题的能力。实践导向的教学方法强调将理论知识应用于实际情境中,通过实践活动、实验和项目来促进学生的深度学习和实际能力的培养。

以上是信息时代对现代教育中教学方法转变的几个方面的详细论述。这些转变反映了教育领域对技术的应用和教学理念的变革,同时也强调了学生参与、合作、个性化和实践导向的重要性。

2. 学习资源的丰富性

信息时代通过互联网和数字技术为学生提供了丰富多样的学习资源,包括在线课程、电子书籍、学术论文、教育视频等。学生可以根据自己的学习需求和兴趣选择来获取相关的学习材料。

(1)数字化学习资源。数字化技术的发展使得学习资源可以以数字形式存在,包括电子书籍、电子课程、网络课件、学习视频等。学习者可以通过在线平台或电子设备访问和获取这些资源,无论何时何地都能够进行学习。

(2)开放教育资源。开放教育资源是指以开放授权形式发布的教育资源,例如开放许可的教科书、课程教材、演示文稿等。学习者可以免费使用和共享这些资源,促进了知识的共享和合作。

(3)学术期刊和研究文献。学术期刊和研究文献的数字化和在线化使得学术资源能更加便捷地获取。学习者可以通过在线数据库和学术搜索引擎访问和检索大量的学术论文和研究成果,拓宽了知识的范围和深度。

(4)多媒体资源。现代教育中的学习资源不再局限于书籍和文字,还包括音频、视频、动画等多媒体形式。学习者可以通过观看教学视频、收听音频讲座、参与交互式模拟等方式，以多维度的方式理解和吸收知识。

（5）虚拟实验和模拟软件。通过虚拟实验和模拟软件，学习者可以进行实验操作和模拟实际情境，提升实践能力和解决问题的能力。这些资源不仅能够提供安全、经济的实验环境，还可以扩展学习者的学习空间和实践经验。

信息时代下，教育资源的丰富性为学习者提供了更加灵活、个性化和多样化的学习体验，促进了知识的获取和能力的发展。

3. 跨时空学习的便利性

信息时代使得跨时空学习成为可能。学生可以利用在线学习平台、远程教育和视频会议等技术，在任何时间和地点获取教育资源和参与学习活动。这种灵活性和便利性使得学习与工作、家庭等生活需求更好地结合起来。

（1）跨越时空限制。在信息时代，学习不再受制于时间和地点。学生可以通过互联网轻松获取全球范围内的教育资源，参与在线课程和学习活动。无论身处何地，学生都能够自由选择学习时间，并根据自己的节奏进行学习，实现跨越时空的学习。

（2）多样化的学习资源。信息时代提供了丰富多样的学习资源，包括电子书籍、在线教学视频、学术论文、实时新闻和研究报告等。学生可以根据自己的兴趣和学习需求，随时访问和获取这些资源，进行自主学习和深度研究。

（3）网络互动和协作。通过互联网和社交媒体平台，学生可以与教师和其他学生进行实时的互动和协作。他们可以通过在线讨论、群组项目和合作编辑文档等方式，共享知识、交流想法，并共同解决问题。这种跨时空的互动和协作促进了学生之间的合作学习和全球学习网络的形成。

信息时代为现代教育提供了跨时空学习的便利性。学生可以自由选择学习时间和地点，获取丰富多样的学习资源，并通过网络互动和协作进行学习。个性化学习和跨文化学习也得到了支持，为学生的个人发展和全球视野的培养提供了机会。

二、信息时代对现代教师的要求

1.技术素养和数字能力

信息时代要求现代教师具备良好的技术素养和数字能力。他们需要熟悉并灵活运用教育技术工具,如电子学习平台、智能教室设备、在线教学工具等。现代教师应当了解和掌握各种数字工具和应用程序,能有效地整合技术资源,以提高教学效果和学生参与度。

(1)熟悉并掌握教育技术工具。现代教师需要熟悉并掌握各种教育技术工具,包括电子学习平台、智能教室设备、在线课程工具等。他们应了解这些工具的功能和用途,能够灵活运用它们来支持教学和学习过程。

(2)教学设计和创新能力。技术素养和数字能力使得现代教师能够设计创新的教学活动和课程。他们可以利用多媒体资源、虚拟现实、增强现实等技术手段,创造出更具吸引力和互动性的学习环境,激发学生的兴趣和参与度。

(3)数据分析和个性化教育。现代教师需要具备对学生学习数据进行分析的能力。他们可以利用学习管理系统和其他评估工具收集学生的数据,分析学生的学习情况和需求,从而为每个学生提供个性化的学习支持和指导。

(4)教学资源和信息获取能力。现代教师需要具备快速获取和评估教学资源的能力。他们应当能够利用互联网和各种数字媒体资源,寻找适合教学内容的多样化资源,并能够对资源的可靠性和适用性进行评估。

技术素养和数字能力对现代教师来说已经成为必备的能力。这些能力使得他们能够更好地利用教育技术,提升教学效果,个性化学生学习,并与同行和学生进行更紧密的合作和交流。因此,现代教师需要不断提升和更新自己的技术素养和数字能力,以适应信息时代教育的发展和变化。

2.信息获取和评估能力

在信息时代,大量的信息可随时获取。现代教师需要具备良好的信息获取能力,能够从各种信息源中筛选、评估和整合有效的教育资源。他们应具备批判性思维和信息素养,能够判断信息的可靠性和适用性,从而为学生提供准确、可信的知识。

（1）信息获取能力。现代教师需要善于利用信息技术和网络资源获取各种相关教育信息。这包括学术研究成果、教材、教学资源、教育政策等方面的信息。教师应熟悉并善于使用各种学术数据库、在线图书馆、教育网站等工具，能够高效地搜索、筛选和获取准确可靠的信息。

（2）信息评估能力。在信息时代，教师需要具备对信息进行评估和判断的能力。这涉及识别和评估信息来源的可靠性、权威性和相关性等方面。教师应具备批判性思维和信息素养，能够识别虚假信息、主观偏见和错误观点，并从大量信息中提取有价值的内容。评估信息的能力有助于教师为学生提供准确、可信的教育资源，并引导学生进行有效的信息搜索和利用。

（3）学科知识更新能力。信息时代的知识更新速度极快，尤其是在科学、技术和社会领域。现代教师需要不断学习和更新学科知识，保持专业素养和教学水平。他们应该定期参加专业培训会、学术研讨会、教师社群等活动，与同行交流、分享最新的教育研究成果和教学实践经验。只有不断更新自己的知识和能力，教师才能够适应信息时代的变革和需求。

（4）教学资源开发能力。信息时代为教师提供了丰富的教学资源和工具。现代教师需要具备开发和利用教学资源的能力，包括数字化教材、在线课程、教学视频、互动教具等。他们应该掌握多种技术工具和软件应用，能够创造性地设计和开发适合自己教学内容和学生需求的教学资源。

（5）学生信息素养培养能力。信息时代的学生面临着海量的信息和多样的信息形式，因此，现代教师需要培养学生的信息素养。教师应教授学生信息搜索、评估和利用的技能，教导他们辨别真假信息、提高信息获取效率和准确性。同时，教师还应教学学生关于信息伦理和版权的意识，引导他们合理使用和分享信息。

信息时代对现代教师的信息获取和评估能力提出了更高的要求。教师需要善于获取和评估各种教育信息，不断更新学科知识，开发和利用教学资源，并培养学生的信息素养。这样才能够适应信息时代的教育需求，提供高质量的教学。

3. 教学策略和方法的更新

信息时代带来了新的教学策略和方法。现代教师需要不断更新自己的教学理念和教学方法，以适应学生的学习需求和信息时代的变化。他们应当积极探索创新的教学模式，如个性化学习、合作学习、项目驱动学习等，并灵活运用各种教育技术工具,以激发学生的学习兴趣和提高学习效果。

(1)个性化教学。信息时代的学生具有不同的学习风格、兴趣和能力水平。现代教师需要采用个性化教学策略,根据学生的特点和需求,提供差异化的学习资源、任务和支持。这可能包括利用学习管理系统进行学生数据分析,以便了解学生的学习进展和需求,并为他们提供个性化的学习计划和反馈。

(2)混合式学习。信息时代的教师需要将传统的面对面教学与技术工具相结合,实施混合式学习。这种教学方法融合了线上和线下学习,可以通过在线课程、虚拟教室、在线讨论等方式扩展学习空间和时间,并提供更灵活的学习机会。教师可以利用在线平台发布学习资源、进行讨论和交流,并在课堂上引导学生深入思考和合作学习。

(3)激发创新和批判性思维。信息时代注重培养学生的创新能力和批判性思维。现代教师需要采用启发式教学方法,鼓励学生主动探索和解决问题,培养他们的创造力和批判性思维能力。这可以通过案例研究、项目驱动学习、实验和实践等方式实现,激发学生的好奇心和主动学习的动力。

三、教师需要具备的教育技术能力

1. 技术操作和应用能力

教师需要熟悉并掌握各种教育技术工具和教育平台的操作,包括电子学习平台、智能教室设备、移动学习工具等。他们应能够灵活运用这些技术工具,制订教学计划并创建相应的教学资源。

(1)硬件和软件操作能力。教师需要熟悉和掌握教育技术所使用的硬件设备(例如交互式白板、投影设备、电子投影仪等)以及相关的软件工具。他们应能够正确设置和连接这些设备,并熟悉设备的基本操作和功能,以便在课堂上有效地使用。

(2)教育软件和应用程序的使用能力。教师需要了解并熟练使用各种教育软件和应用程序,以支持教学和学习活动。这可能包括在线学习平台、电子教科书、多媒体资源、教育游戏等。教师应该知道如何浏览、搜索和选择适当的资源,以及如何在课堂上或在线环境中使用它们。

(3)多媒体制作和编辑能力。教师需要具备基本的多媒体制作和编辑能力,以便创造和定制教学资源。这可能包括制作幻灯片、录制和编辑音频或视频,以及设计互动式教学材料等。教师应该熟悉相关的软件工具,并能够有效地组织和展示多媒体内容,以增强教学效果。

（4）网络和互联网应用能力。教师需要熟悉互联网的使用,包括浏览器的操作、搜索引擎的利用和资源的收集。他们应该了解如何评估和选择合适的在线资源,并能够推动学生在互联网平台上进行合作和交流。此外,教师还应该具备网络安全和隐私保护的意识,以确保学生的在线安全。

2.教学设计和课程整合能力

教师需要了解如何将教育技术融入教学设计中,以提高教学效果。他们应能够合理地选择和整合教育技术工具,使其与教学目标和课程内容相互配合,提供更具吸引力和互动性的学习体验。

（1）教学设计能力

1）教育技术工具的选择与整合。教师需要了解不同的教育技术工具,并能够评估其适用性和有效性,根据教学目标和学生需求选择合适的工具进行整合。例如,教师需要了解不同的教学管理系统、在线资源库、学习应用程序等,并能够决定如何将它们有机地结合到教学设计中。

2）学习目标的对齐与整合。教师需要能够将教育技术融入学习目标的设计中,并确保技术的使用与课程目标和学生需求相一致。教师应该思考如何通过技术来增强学生的学习体验、促进深层次的学习和解决问题的能力。

3）多样化的教学策略。教师需要掌握多种教学策略,包括利用教育技术工具进行互动式教学、合作学习、问题解决和创造性思维等。他们应该能够设计和组织各种教学活动,结合技术工具和资源,激发学生的兴趣和参与度。

（2）课程整合能力

1）跨学科整合。教师应该能够将教育技术与不同学科领域的知识和技能整合起来,以创造跨学科的学习体验。他们可以利用多媒体资源、模拟软件、虚拟实验室等教育技术工具来促进学科之间的联系和综合性学习。

2）合理安排课程时间和内容。教师需要在教学计划中合理安排教育技术的使用,确保技术的整合与课程的进度和学习目标保持一致。他们应该能够选择合适的时机和方式来引入技术工具,并平衡技术使用和其他教学活动之间的关系。

3）个性化学习支持。教师需要根据学生的个体差异和学习需求，整合教育技术来提供个性化的学习支持。他们可以利用在线学习平台、自适应学习系统和数据分析工具等来跟踪学生的学习进展，并根据反馈信息进行调整和个性化指导。

（3）反思和持续专业发展

1）教育技术的评估与反思。教师需要不断评估和反思自己在教育技术应用方面的实践，考虑技术的有效性、学生的反应和学习成果等因素。他们应该能够调整和改进自己的教学设计和课程整合策略，以提高教学效果。

2）持续学习和专业发展。教师应该积极参与教育技术相关的专业发展活动，包括参加研讨会、培训课程和在线社区讨论等。他们需要跟踪和了解最新的教育技术趋势和最佳实践，不断更新自己的知识和技能。

3. 学习者支持和个性化教育能力

教师应具备根据学生的需求和特点，利用教育技术提供个性化学习支持的能力。他们应了解和应用数据分析工具，收集和分析学生学习数据，为学生提供准确的反馈和个性化的学习建议，以满足学生的学习需求。

（1）学习者支持能力

1）了解学生需求：教师需要与学生进行有效的沟通和互动，了解学生的学习需求、兴趣、能力水平和学习风格等因素。这可以通过开展个别会谈、问卷调查、观察学生行为等方式来实现。

2）教学目标设定：教师应根据学生的需求和目标，制定明确的教学目标，并与学生共同制订学习计划。这有助于激发学生的学习动机和提高学习效果。

3）知识和资源管理：教师应具备良好的资源管理能力，包括寻找、评估和选择适合学生的教学资源，以满足不同学生的需求。

4）激发学习动机：教师应采用多样化的教学策略和方法，激发学生的学习兴趣和动机，培养积极的学习态度和自主学习能力。

5）学习支持和反馈：教师需要提供及时和有效的学习支持和反馈，包括解答学生的问题、提供指导和建议，鼓励学生反思和自我评估等，以帮助学生克服困难、提高学习成效。

（2）个性化教育能力

1）识别学生差异：教师应准确识别学生的个体差异，包括学习风格、能力水平、兴趣爱好、学习速度等，以便针对性地进行教学安排。

2）差异化教学：教师需要设计和实施差异化的教学策略，以满足不同学生的学习需求。这可能包括提供难度不同层次的任务、个体或小组辅导、个性化学习计划等。

3）教学资源和工具的个性化使用：教师需要了解并善于利用教育技术工具和资源，以根据学生的个性化需求提供个性化的学习支持。例如，利用学习管理系统提供定制化的学习材料和活动。

4）监测和评估个体学习进展：教师应持续监测和评估学生的学习进展，识别学生的弱点和潜力，并及时调整教学策略和提供个性化的反馈。

5）培养学习自主性：教师应帮助学生培养自主学习的能力，鼓励他们设订学习目标、制定学习计划，并提供个性化的学习指导，以激发学生的学习动力和促进个人成长。

通过具备学习者支持和个性化教育能力，教师能够更好地理解和满足学生的学习需求，提供针对性的教学支持，促进学生的学习成长和个人发展。

第二章 现代教育技术的基础理论

现代教育技术的理论基础建立在教育学、心理学和信息技术等学科交叉融合的基础之上。教育学提供了教学和学习的基本理论和原则，包括个性化学习、激励理论、教学策略等，为教育技术的设计和实施提供指导。心理学研究学习过程和认知机制，帮助教育技术理解学生的学习需求和心理特点，从而提供有效的学习支持。信息技术则为教育提供了数字化教学工具和平台，如电子教材、在线学习系统、教学软件等，从而拓展学习空间和增强教学效果。综合这些理论基础，现代教育技术致力于提供个性化、高效、跨文化的学习体验，推动教育的不断创新和进步。

第一节　现代教育技术的教学基础理论

教学理论是指在教学过程中运用先进的技术手段支持和促进学习活动，依托于教育学、心理学、认知科学等领域的研究成果，以科学的方法指导教学实践。

一、基于认知理论的教学设计

现代教育技术的理论基础中，教学设计是一个重要的组成部分，而其中的教学理论主要基于认知理论。认知理论是指对人类认知过程的研究，特别关注学习、记忆、思考和问题解决等认知活动。基于认知理论的教学设计将学习者视为积极主动的知识构建者，注重激发学习兴趣、提高信息加工能力，并提供合适的学习支持，以促进学习效果的最大化。

以下几个方面将展开论述现代教育技术中基于认知理论的教学设计。

1. 学习者的主动参与

认知理论认为学习者不是被动的知识接收者,而是积极主动的参与者和知识构建者。基于这一理论,教学设计应该鼓励学生主动参与学习过程,如通过问题解决、探究式学习、案例分析等活动,让学生自主思考和探索,从而更好地理解和应用所学知识。

2. 前知识的激活

认知理论认为学习是建立在既有知识和经验的基础上的,因此教学设计应该注意激活学生的前知识。教师可以通过提问、回顾相关内容、引入新知识前的预习等方式,帮助学生将新知识与旧知识联系起来,促进知识的联想和理解。

3. 信息加工的优化

认知理论强调信息加工过程在学习中的重要性。现代教育技术可以通过多媒体教学、虚拟实验、模拟情境等方式,提供多样化的信息呈现方式,满足不同学生的学习风格和偏好,促进信息的深入加工和理解。

4. 反馈和巩固

认知理论认为及时的反馈对学习至关重要。教学设计应该包含形式多样的反馈机制,帮助学生了解自己的学习进展,并及时纠正错误。此外,巩固知识的过程也很重要,教师可以利用教育技术来设计练习、测试和复习,帮助学生巩固所学内容,提高学习效果。例如,一个具有认知理论特点的教学设计在教授数学概念时,可采用探究式学习法。教师首先鼓励学生回顾之前学过的相关知识,如基本的几何形状和数学运算规则。然后,引入一个实际生活中的问题,如计算房间的面积。学生需要自主探索,并应用之前学习的知识解决问题。在学生进行探究的过程中,教师可以利用数字化的辅助工具和互动式教学资源,帮助学生更好地理解和应用数学概念。在学生完成任务后,教师提供即时的反馈,并对学生的错误进行解释。随后,教师设计个性化的练习,针对不同学生的薄弱环节进行针对性巩固,以促进他们的学习效果。该教学设计充分考虑了学习者的主动参与、前知识的激活、信息加工的优化、反馈和巩固以及个性化学习等认知理论的要点。通过这样的教学设计,学生能够更深入地理解数学概念,增强学习效果,并培养学生的自主学习能力。

二、基于建构主义的学习观念

现代教育技术的理论基础中,教学理论的一个重要观念是建构主义的学习观念。建构主义是一种关于知识生成和学习的理论,强调学习者通过主动参与、经验交互和认知建构来构建自己的知识体系。下面从几个方面详细论述建构主义的学习观念,并给出相应的引例。

1. 主动参与和经验交互

建构主义认为学习过程中,学习者应该主动参与和积极地与环境进行交互,从中获取新的知识和经验。这种交互可以是与教师、同学、学习材料或现实世界的互动,通过实际操作和体验来增进对知识的理解。例如,在现代教育技术中,虚拟现实和增强现实技术为学习者提供了与虚拟环境互动的机会。学习者可以利用 VR 设备参观历史古迹或进行科学实验,通过亲身体验来深入理解历史事件或科学原理。

2. 认知建构

建构主义强调学习者根据自己已有的知识和经验,将新的信息与之融合,形成个人的理解和意义。学习者的背景知识和经验对于学习过程中的认知建构起着重要作用。例如,在网络学习平台上,学习者可以通过参与讨论、写博客或进行在线互动,将自己的想法和理解分享给其他学习者。这种学习方式鼓励学习者根据自己的经验和理解,对学习内容进行加工和重建。

3. 合作学习

建构主义认为社会交往和合作对于学习过程中的认知发展至关重要。通过与他人交流、协作和共享观点,学习者能够从不同的角度理解问题,拓展自己的认知边界。例如,在线教育平台上,教师可以设计合作学习项目,让学习者分成小组共同探讨课题。通过互动和合作,学习者可以相互激发灵感,共同解决问题,从而更好地理解和掌握学习内容。

4. 反思和元认知

建构主义强调学习者应该意识到自己的学习过程,并进行反思和元认知(对自己的学习过程进行思考)。这样可以帮助学习者发展自主学习的能力和学习策略。例如,在在线测验或作业后,学习者可以得到及时的反馈和评估。通过仔细分析自己的答题过程和错误,学习者可以了解自己的知识差距,并及时调整学习策略。

三、教育技术中的行为主义学派

现代教育技术的理论基础中的教学理论涵盖多种学派,其中行为主义学派就是其中之一。行为主义学派是 20 世纪初兴起的心理学学派,强调通过观察和测量可见的行为来研究和理解学习过程。在教育技术中,行为主义学派提供了一些重要的理论基础和方法,其影响在教育领域仍然广泛存在。

1. 基本原理

行为主义学派认为,学习是一种可观察的行为变化,是外界刺激和个体反应之间的关联。这意味着学习过程可以通过对刺激和反应之间的关系进行建模来实现。在教育技术中,这种观点鼓励教育者使用外部刺激和奖惩机制来引导学习者的行为。

2. 强化学习

行为主义学派中的重要概念是"强化学习",它强调通过奖励和惩罚来加强或削弱特定行为。在教育技术中,这种原理被广泛应用。例如,计算机辅助学习系统可以根据学习者的表现提供及时的奖励或反馈,以增强他们的学习动力和兴趣。

3. 教育技术的应用

行为主义学派的理论支持了许多教育技术的应用。其中,计算机辅助教学(Computer-Assisted Instruction,CAI)是一个典型例子。这种技术利用计算机软件和多媒体手段,为学习者提供自主学习和练习的机会,根据学习者的表现调整学习内容和难度,以达到更好的学习效果。

4. 反馈与评估

行为主义学派认为,及时的反馈对于学习过程至关重要。在教育技术中,通过自动化的评估和反馈系统,学习者可以快速了解自己的学习进度和成绩,并进行必要的调整。

虽然行为主义学派为现代教育技术的发展提供了一定的理论基础和实

践指导,但现代教育理念已经超越了纯粹的行为主义观点。今天的教育技术更加强调学习的个性化、合作和探究性,融合了多种学派的思想,如构建主义、认知心理学等。

值得注意的是,以上论述是基于行为主义学派在教育技术领域的影响,并非对整个行为主义学派的综合性论述。在实际应用中,教育技术往往结合多种理论和方法,以更好地满足学习者的需求和学习目标。

四、构建个性化学习环境

构建个性化学习环境是现代教育技术的理论基础之一,它致力于满足学习者不同的学习需求和特点,通过合理利用教育技术手段来提供定制化的学习体验。

1. 教育心理学理论支持

个性化学习环境的构建是基于教育心理学理论的。根据著名教育心理学家马斯洛的需求层次理论,学习者的需求层次包括生理需求、安全需求、社交需求、尊重需求和自我实现需求。个性化学习环境要考虑到学生在不同层次上的需求,提供相应的学习资源和支持,使其在学习过程中感到满足和有动力。

2. 基于学习理论的支持

构建个性化学习环境还依赖于学习理论的指导,例如认知学习理论。根据认知学习理论,学生的学习效果与其已有的知识结构和学习策略密切相关。因此,个性化学习环境应当根据学生的学习风格、知识背景和认知特点,提供相应的教学内容和方式,以促进知识的吸收和理解。

3. 数据驱动的个性化学习

现代教育技术的发展使得采集和分析学生学习数据成为可能。借助大数据和人工智能技术,教师可以更好地了解每个学生的学习情况和学习风格,从而为其构建个性化的学习环境。例如,通过学习数据分析,教师可以发现某个学生在数学方面表现较好,而在语言方面较为薄弱,因此可以为该学生提供更多的数学实践机会,同时加强语言学习辅助。

4. 灵活的学习路径

个性化学习环境要求教育技术能够提供灵活的学习路径。每个学生的学习进度和能力不同,有些学生可能需要更多时间来掌握某个知识点,而有些学生可能较为迅速。因此,个性化学习环境应当允许学生按照自己的节奏学习,不拘泥于传统的"一刀切"教学模式。例如,在中国某一所中学,教师采用了虚拟实验室技术来辅助化学实验教学。学生们通过计算机模拟软件进行化学实验,可以在虚拟环境中安全地进行反应操作,观察实验现象,收集数据,并在虚拟实验室中进行错误的实验,了解实验过程中可能发生的意外情况。这种虚拟实验室技术不仅增加了学生的学习兴趣和参与度,还大大提高了实验教学的安全性和效率。学生在实际课堂上进行化学实验时,已经通过虚拟实验多次练习,因此实验操作更加熟练和自信。

第二节　现代教育技术的学习基础理论

学生的学习活动是所有教学举措的核心,教师的教学工作旨在引导和促进学生的学习。因此,深刻理解学习的基本特点和相关理论成为教师进行有效教学的基石。鉴于学习过程的复杂性,研究者因其独特的观点和方法,形成了多种学习理论流派。这些不同理论在互相补充的同时,也应不同情境展现出各自的独特之处。在这众多理论中,行为主义、认知主义和建构主义等派别,对于教育技术的演进产生了较为深远的影响。

一、行为主义学习理论

在20世纪上半叶,学习理论的主导地位被行为主义所占据。行为主义学派所关注的"行为"特指可被观察到的外在行动,将学习视为明显的行为调整产物。在这一观点下,行为被解释为对外部刺激的反应,学习则被认为是建立起刺激和反应之间联系和联想的过程,而强化则被视为促进这种联系形成的重要手段。以下将详细介绍行为主义学派的主要代表人物及其核心观点。

(一)桑代克的试误说

美国心理学家桑代克以动物实验为基础,探究学习的本质,并提出了联结主义学习理论,又被称为试误说。他设计的著名实验被称为"饿猫开谜箱"实验(图2-1)。在这个实验中,桑代克将饥饿的猫放入一个谜箱中,箱外放置食物,而箱门则由活动的门闩锁着。猫在箱内不断乱动,偶然间碰触到了活动的门闩,使得门被打开,从而获得了食物的奖励。随着反复实验,猫逐渐掌握了打开门闩的技巧,使其能更快地从箱内出来进食。这一实验的重复展示了所有猫逐步改进其行为的过程,不断提高其操作水平。桑代克由此得出结论,进一步阐述了联结说学习理论的观点。

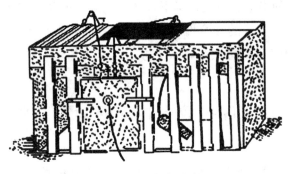

图2-1　桑代克谜箱

1. 学习是刺激—反应的联结

学习的本质在于建立起刺激与反应之间的关联,也就是所谓的 S—R (刺激—反应)联结。这种联结的形成是一个逐步深化的过程,通常伴随着多次尝试和错误,直至最终达到成功。在这个过程中,个体不断地调整自己的行为,根据不同的情境和反馈信息进行修正,从而逐渐锤炼出适应性更强的反应模式。这一过程强调了学习的渐进性和持续的努力,为个体在面对新情境时提供了更为灵活和有效的应对方式。

2. 学习过程是试误的过程

在试误的过程中,刺激与反应建立关系主要取决于准备率、练习率和效果率这三个关键因素。其中,准备率指的是学习者在特定刺激下产生反应的身心准备状态,因个体差异而异。练习率则涉及刺激和反应之间的连接在学习次数增多时逐渐加强或减弱。效果率是指刺激和反应的联结程度受到反应后结果满意度的影响,不同结果带来的满足程度也会影响刺激与反应之间的牢固程度。

在这一理论背景下,桑代克的学习理论为教学实践提供了重要的指导意义。它为教学情境的安排提供了思路,教师可以根据学生的准备状态来选择合适的刺激以促进学习效果。此外,重复的练习和操练在学习过程中也得到了理论支持,因为通过多次练习可以增强刺激和反应之间的联结。而奖励措施的使用同样受到效果率的影响,根据学生对反应后结果的满意程度,教师可以有针对性地设计奖励来强化刺激与反应之间的联系。综合而言,桑代克的学习理论为教育者提供了一套系统性的指导原则,帮助优化教学过程,提升学习效果。

(二)斯金纳的操作条件反射学说

斯金纳(Burrhus Frederic Skinner)被认为是行为主义学派中对学习心理学影响最为深远的心理学家之一。他的观点认为,个体的一切行为都由一系列反射机制所构成,学习过程则涉及条件反射的形成。在前辈学者如桑代克等人观点的基础上,斯金纳进一步发展了"操作条件反射学说",强调了环境中的操作对于行为塑造的关键作用。他的理论指出,若某种行为在特定的环境下伴随着积极的强化因素,那么这一行为在类似环境中再次出现的概率将会增加。这种"刺激—反应—强化"的模式,为行为心理学奠定了重要基础,强调了外部因素对个体行为模式的塑造和调节作用。

斯金纳认为,通过机械装置能够提供必要的大量强化序列,因此他构思了教学机器并倡导程序教学。程序教学作为一种特殊的信息组织和传递方法,具有基本的操作过程(图2-2)。这种方法将预先安排的教材分解为许多逻辑上连接的小步骤,将教育内容转化为一系列问题与答案,激励学生积极参与反应,并及时进行强化,引导学生逐步实现预期目标。

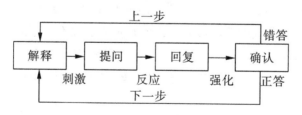

图2-2 程序教学的基本过程

斯金纳的程序教学在20世纪50—60年代迅速走红于美国及其他许多国家,经过大量的实践积累,形成了一系列深具实质性意义的程序教学设计原则。

1.积极的反应原则

通过以问题的形式,借助教学机器或教材向学生传达知识,能够激发学生积极的思考和参与。将知识呈现为问题,有助于引发学生的好奇心和求知欲,促使他们主动思考、探索和解答。这种教学方法能够创造出一种互动性强、参与度高的学习环境,有助于培养学生的批判性思维能力和解决问题的能力。通过不断回答问题,学生不仅能够掌握知识本身,还能够培养自主学习的能力,提升信息获取、整合和应用的技能。因此,以问题为核心的教学方式成为一种富有活力和成效的教育手段,能够更好地激发学生的学习热情和创造力。

2.小步子原则

在教学过程中,一种常见且有效的方法是将教学内容进行内在联系的分割,然后编排成一系列小步骤的程序。这样的安排能够使教材逐步展开,每个步骤都以相对简单的内容开始,随后逐渐引入更具挑战性的概念或技能。这种由易到难的步骤排列,有助于学生在学习过程中逐渐建立自信,同时也有助于提升他们的学习兴趣和参与度。此外,相邻步骤之间的难度转变通常是平缓的,从而让学生能够顺利地跟随教学进度,逐步掌握所需的知识和技能。

3.及时强化原则

在教育环境中,对于每位学生的积极参与和努力,及时的反馈扮演着至关重要的角色。当学生积极参与课堂活动并作出努力时,及时告知他们所取得的结果具有显著的正向影响。这种即时的强化不仅帮助学生意识到自己的努力得到了认可,而且还能激发他们保持学习动力和参与度。这种积极的循环鼓励着学生建立自信心,培养自主学习的习惯,最终实现更好的学习成果。

4.自定步调原则

在教育中,注重以学习者为核心,摒弃对统一进度的过度追求,旨在创造一个让每位学生都能够根据自身情况和特点进行学习的环境。这种以学习者为中心的教育理念,强调个体差异的尊重与充分考虑,旨在确保每个学生都能够在最适合自己的节奏下展开学习。这种教育模式不仅仅追求知识的灌输,更注重培养学生的学习兴趣、学习动力以及自主学习的能力。通过这样的方式,每个学生都能在轻松愉悦的学习氛围中,充分发挥自己的潜能,实现个人的全面发展。

5.低错误率原则

在教学过程中,减少学生产生错误反应的频率显得尤为重要。过多的错误不仅会对学习者的情绪产生负面影响,还可能影响其学习进程的速度。这一原则不仅贯穿于个别化教学、计算机辅助教学设计以及教学媒体的应用设计,更为当今教学设计注入了根本性的理论依据,从而在教育领域中扮演着不可忽视的关键角色。

二、认知主义学习理论

在斯金纳时期,行为主义理论曾经达到了巅峰,然而随着学习理论的深入研究,行为主义所固有的机械性和被动性等弊端逐渐浮出水面。与行为主义截然不同的认知主义观点认为,学习是学习者根据自身已有的经验,对外界信息进行加工和处理,从而形成个体的认知结构。这一观点对学习过程提供了崭新的视角,旨在强调个体在知识习得中的主动性和个性化。下面,我们将对其中几个代表性的认知主义理论进行简要介绍。

(一)布鲁纳的认知发展理论

布鲁纳(J. S. Bruner)被公认为认知学派中最具影响力的代表人物之一。他的理论主张认知活动不仅仅是简单的信息处理,而是在个体内部独特的认知过程的引导下,逐步形成和演化出复杂的认知结构。他的观点强调个体思维的主观性和多样性,认为每个人在面对信息时都会根据自身的认知程序进行加工和理解,从而塑造出独特的认知世界。这种个体差异性的观点为认知心理学领域带来了新的思考方式,也为个体认知过程的研究提供了更加丰富的视角。

1.认知结构

布鲁纳非常重视认知结构在学习中的关键作用。他强调,教学的目标应该是引导学生建立稳固的认知结构,这是人们关于现实世界的内在编码系统,由一系列相互关联且具有非具体性的类别构成。这些类别构成了人们感知外界、加工新信息以及进行推理活动的基本模式。一个重要特征是这种编码系统内部类别之间的层次性结构,高层次抽象的类别位于顶层,而较为具体的类别则位于底层(图2-3)。通过对认知结构的深入理解,学习者能够更有效地整合和应用知识,从而为持续学习和理解世界打下坚实的基础。

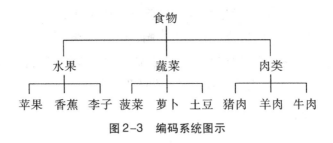

图2-3 编码系统图示

世界构成于各种异质的物体、事件和个体之间,而人类认知系统之所以能够应对周遭环境的错综复杂,源自于其卓越的归类能力。在与环境的互动中,人类逐渐塑造了一个相互关联且具有概括性的分类系统,成就了内在的信息编码网络。人类以类别和分类系统为基础与环境互动,依托现有的分类体系感知和处理外界信息。然而,如果新信息与已有的分类系统毫不相关,它很可能难以被理解。布鲁纳的观点强调,学习即是类别及其编码系统的构建过程,学习者需要将相似之物联系在一起,赋予其意义,并将它们融汇成特定的结构。

2. 学科结构

在布鲁纳的思想中,教学与个体的认知构架息息相关。他强调,教育的目标应当是激发学生对学科结构的普遍理解能力。他认为,无论是哪个学科,教学都必须着重让学生理解该领域的基本构架。这个基本构架包括学科的核心概念、基本原则,以及探求该领域所需的基本心态和方法,例如在力学中体现的运动规律,实验探究方法,或是代数中的交换、分配和结合法则等。布鲁纳认为,教学不能仅仅侧重于学科事实和技能的灌输,关键在于学生理解和掌握那些核心基础的概念、原则、态度和方法,同时能够捕捉它们之间的内在联系,将其他知识点与这些基本构架有机地结合,构筑起一个相互关联的知识体系。

3. 发现性学习

发现性学习是指学生在学习的环境中通过个人的探索与寻求,来积极获取问题的解决方法。在这一理念中,布鲁纳强调,虽然掌握一般原则和知识固然重要,但培养发现问题、解决问题的心态和方法更为关键。他强烈主张教育过程并非单纯向学生灌输事先固定的知识,而应激发他们自主追求知识、组织知识的能力。布鲁纳认为教师不应仅仅使学生成为被动的知识接收者,而是应该指导他们学会思考,学会像历史学家分析史料一样,通过探究的方式构建属于自己的知识体系。因此,求知过程被赋予了自主性的活动属性,而非仅仅是对前人研究成果的被动吸收与接受。

布鲁纳的思想在指导和改进教学方面具有重要意义,然而也面临明显不足。他的认知结构学习理论过分注重学科的基本结构,虽然对自然科学可能有效,但在人文学科中的适用性有限。此外,布鲁纳所提倡的发现性学习方法固然有其独特的优点,却难以与传统的接受式学习相媲美。然而,值得注意的是,发现性学习受限于学生既有知识和经验等因素,可能在一定程度上受到限制。因此,过度强调发现性学习可能会导致偏颇。

(二)加涅的信息加工学习理论

在 20 世纪 50 年代,随着计算机等信息技术的迅猛发展,人们开始愈发倾向于将计算机信息处理的方式与人脑认知过程进行类比。这种类比将学习过程解释为信息的接收、存储和提取,以此来阐释学习的本质。加涅(R. M. Gagne)借鉴现代信息论的观点与方法,强调运用信息加工模式来解释学习活动,深入研究学习过程中的信息加工以及其所依赖的条件。这一研究奠定了一种崭新的学习理论,被称为信息加工论。

1. 学习的信息加工模式

基于信息加工理论的相关研究,加涅提出了关于学习过程的信息加工模式(图2-4)。这一模式详尽地阐述了学习过程中信息的流动过程,揭示了信息在不同认知阶段的处理与传递。通过这一模式,人们能够更清晰地理解在学习过程中信息是如何被获取、加工和储存的,从而为教育和认知心理学领域的研究提供了有益的指导和深入的认识。

在这个模式中,我们可以清晰地观察到外部环境的各种刺激是如何通过学生的感受器进入系统的。这些刺激以映像的形式被传递到感觉登记器,但由于选择性注意和选择性知觉的作用,有些信息被记录下来,有些则被很快地过滤掉。那些被感觉登记器记录下来的信息随后迅速进入短时记忆阶段,这个阶段可以被看作是信息的过渡性储存区域。然而,短时记忆的容量是有限的,它只能够承载 7±2 个信息组块,并且这些信息只能够在 15 ～

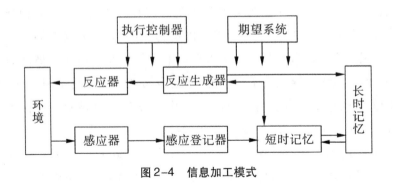

图2-4 信息加工模式

30秒内保持。经过复述和编码等过程,短时记忆中的信息被逐渐转化为长时记忆,这是一个能够存储大量信息且相对持久的记忆库。在这个模式中,信息经过层层加工和筛选,从瞬时的感知逐渐演化为深刻且持久的知识储备。

在信息加工的过程中,从长时记忆中提取的信息可以直接传送至反应发生器,或者与新输入的信息在短时记忆中相结合后再进入反应发生器。这个反应发生器充当着信息转化为实际行动的媒介,进而引发与环境互动的显性行为。在这种模式下,执行控制和预期成为两个关键性的构建模块,它们有能力调节并影响信息处理的流程。前者代表着先前经验对当前学习过程的影响,从而发挥调节功能;而后者则代表着动机系统对学习的引导作用,通过目标设定来指引信息处理。这两者协同作用,不仅对整个信息加工过程进行调控,同时也拥有监督的职能。

2. 信息加工模式的教学应用

基于信息论模式的学习理论,尤其是在教学环境中的应用,加涅提供了一套系统的方法,能够将信息有效地转化并嵌入学生的长时记忆中,这一过程被分解为九个关键的教学阶段。

第一,教学需要引起学生的注意,通过变化的刺激、吸引人的兴趣,以及改变体态、语调和音量等手段来实现。

第二,教师应当明确告知学生学习的目标,激发学生的期望和动机。

第三,在确保学生有一定经验基础的前提下,通过刺激回忆的方式,使新知识更容易被同化。

第四,在呈现学习材料时,需要综合考虑学生的年龄、基础和学习类型等因素,恰当地安排顺序和分量。

第五,提供指导也十分重要,但需注意掌握指导的程度,以避免过度干预。

第六,通过诱引学生的行为,鼓励他们积极参与,产生自主的反应。

第七,及时强化和反馈对于引导学生的学习行为至关重要。

第八,通过独立测试、单元测试等方式进行检查和评价,帮助学生巩固所学内容。

第九,促进知识的迁移需要通过系统的复习和及时布置新任务来实现。

信息加工学习理论在解释人类思维过程方面有着显著的价值,为理解高级心理活动提供了有力的框架。然而,值得注意的是,该理论的关键分析,包括注意系统、编码系统和记忆系统等,都是基于实验和推测而建立的,这导致了该理论中出现了多种解释模式,有些甚至存在相对立的观点。因此,虽然信息加工学习理论在许多方面有着启发性,但在一些方面仍需要进一步的研究和完善,以达到更为成熟和全面的状态。

三、建构主义学习理论

建构主义理论主张,虽然世界具有客观存在,然而人们对于世界的理解和赋予意义是个体独立决定的。学习者以个人经验为基石来塑造现实,由于个体经验及对经验的信仰因素不同,从而导致对外界的理解产生多样性。旗帜人物皮亚杰(J. Piaget)是建构主义的代表,以下将简要探讨建构主义学派的核心理念。

(一)建构主义的学习观

1.学习是一种建构的过程

知识的获取是个体与外部环境互动的产物。当学习者探索新的知识领域时,并非仅依赖于教师的传授,更重要的是通过个体对知识的经验加工,将其转化为内在的表达方式。这个内在表达并非一成不变,而是不断经过修正和完善,从而孕育出新的表达形式,使其成为一个持续开放的系统。在学习特定知识领域时,学习者实际上在构建一个个独立的知识体系,每个知识单元都像是一个微小的构建模块,新知识的习得始于对已有知识结构的积累与融汇。

2. 学习是一种活动的过程

学习并非仅仅是一种机械性的接受过程,而是一个充满活力的交互过程。在知识的传递与获取中,学习者扮演着极为积极的角色。知识传递者的责任不仅仅在于简单地"传递",更在于激发学习者的学习热情和主动性。对于学习者的各种开放性知识结构,教师应能够激活其中最适合添加新知识单元的链条,从而确保新知识单元得以有机地融入原有知识体系,进而构建起一个崭新而开放的知识结构。这种互动过程不仅促进学习者的思维深度和广度,也为知识的持续积累与创新奠定了坚实的基础。

3. 学习的情境性

只有将学习置于真实世界的情境中,才能赋予其更大的有效性。教育的目标超越了简单的知识传递,更在于培养学生能够将所学知识应用于解决现实世界的问题。在各种真实场景中,学习者如何将其知识结构应用到实际问题中,以及他们如何运用这些知识进行思考,这些成为评价学习成果的关键标准。纵然学生在课堂上对知识掌握得颇为熟练,却无法将其应用于解决实际生活中的具体问题,那这种学习则难以称之为真正的成功。

(二)建构主义的学习方法

建构主义教育理念倡导在教师的引导下,以学习者为中心进行学习。这意味着强调学习者在认知过程中的主动作用,同时也不忽视教师在学习中的指导作用。在这一理念下,教师充当了意义建构的引导者和推动者,而非仅仅是知识的传授者或灌输者。学生被视为信息加工的中心,是意义生成的积极参与者,而非仅仅是被外部刺激影响的被动接受者或被动接受灌输的对象。这种教育观念强调学习的深度与理解,鼓励学生通过探索、交互和合作来建构知识,从而达到更为综合和持久的学习效果。

1. 学生是意义的主动建构者

为了使学生能够成为有意义的积极学习者,他们需要在学习过程中从多个角度发挥主体作用。首先,学生应当采用探索法和发现法来构建知识的意义。其次,在建构意义的过程中,学生应积极搜集和分析相关信息和资料,对所学问题提出各种假设,并努力验证其有效性。最后,学生应将当前学习内容与已知事物相连接,并对这种联系进行深入思考。关键在于将联系与思考贯穿于学习过程中。若能将联系与思考的过程与协作学习中的协商过程相结合,即交流与讨论的过程,将有助于提高学生构建意义的效率和质量。协商可分为"自我协商"和"相互协商"两种形式。前者指个体内部对正确答案的自我辩证;后者则指学习小组内成员之间的相互讨论与辩论。

2. 教师是学生建构意义的帮助者

为了成为能够有效帮助学生建构意义的引导者,教师需要在教学过程中发挥多方面的指导作用。首先,教师应该激发学生的学习兴趣,帮助他们形成内在的学习动机。其次,教师应通过创设与教学内容要求相契合的情境,以及提示新旧知识之间联系的线索,从而帮助学生更好地构建当前所学知识的意义。最后,为了使意义建构更具效果,教师还应在可能的情况下促进协作学习,通过开展讨论和交流,引导学生在合作中共同建构知识。这种引导方法包括提出适当的问题以激发学生的思考和讨论,在讨论中逐步深入问题以加深对所学内容的理解,同时鼓励学生自主探索规律,自行纠正错误或片面的认识。通过这样的指导方式,教师能够更好地引导学生建构知识的意义,从而提升教学的效果。

(三)建构主义的教学设计原则

建构主义学习理论强调以学生为中心,在教师的指导下实施学习。建构主义学习环境由情境、协作、会话和意义建构等四大要素构成。为了切实应用这一理论,以下是相应的教学设计原则,以提高学习的效果。

(1)任务驱动学习活动。学习活动应紧密联系任务或问题,以确保学习具备明确目标,能够在实际应用中得以体现,达到学以致用的目的。

(2)问题导向的学习。鼓励学习者通过探索问题作为学习的驱动力,培养自主学习的动机。这种学习方式是自愿的,不是被强加的学习目标或为了应付测试。

(3)真实情境的模拟。创建真实的学习环境,使学生能够在类似实际情境中进行学习。这并不一定是物理环境的再现,而是要求学生能够面对类似现实世界中的认知挑战。

(4)复杂情境的设计。所设计的学习情境应具备与实际情境相当的复杂程度,以避免降低学习者的认知要求,从而保持挑战性,促进深入学习。

(5)学习主动性的强调。学习者在学习过程中应当拥有主动权,教师的角色是提供思维上的刺激和挑战,而非主观地操控学习进程。

(6)支持性的学习环境。虽然学习者在学习过程中应当具有主动权,但这并不意味着他们的每个学习活动都是自足的、正确的。当学习者遇到问题或走偏时，教师应提供有效的援助和支持，而不是直接给出答案。

（7）多元情境和观点的体验。鼓励学习者在不同情境中体验和验证多种观点。个人理解的深度和质量受制于社会环境，因此应鼓励合作学习，通过交流和协商达成一致。

需要强调的是，尽管行为主义、认知主义和建构主义等学习理论之间存在差异和冲突，但它们并不是互相取代的关系，而是相互补充的关系。因此，教育从业者需要深刻理解各种理论，根据教学条件和目标进行合理选择和综合应用。这种综合性的教学方法有助于提供更丰富、更有效的学习体验。

第三节　现代教育技术的传播基础理论

传播作为一种普遍存在于自然界和人类社会的现象，涉及信息在不同环境中的传递过程。传播理论作为一门学科，旨在深入探讨这些信息传播活动所共同遵循的规律与机制。通过研究传播现象，我们可以更好地理解信息是如何在不同媒介、群体和文化之间传播的，从而揭示出隐藏在这背后的影响因素和模式。这种理论的探索不仅为解码传播活动的奥秘提供了框架，也为有效地塑造信息传递的方式和效果提供了指导，从而在当今信息多元化和高度互联的时代具有重要意义。

一、传播过程模式

传播学者在研究传播过程时通常会将其分解为多个要素，并以特定的方式探究这些要素之间的关联和互动。这种分解和探究的方法形成了多种不同的研究传播过程模式。以下介绍几种具有代表性的模式。

（一）拉斯韦尔传播模式

美国政治学家 H. 拉斯韦尔提出了一个以文字形式阐释的线性传播过程模式，即"Who, Says what, In which channel, To whom, With what effect"，被称为著名的"5W 模式"。从拉斯韦尔的传播模式中，我们获取了研究传播的五个关键领域。

（1）控制分析。这个领域聚焦于研究"谁"，也就是信息的传播者，深入探讨背后的驱动力和动机，从而理解传播行为的本质。

（2）内容分析。在这一领域，重点放在研究"说什么"（也可称为信息内容）以及信息表达的方式。这有助于理解信息如何被塑造、呈现和传达。

（3）媒体分析。研究传播通道是该领域的核心，探讨不同媒体的特性、性能、选择标准和信息传递方式。这帮助我们理解信息是如何从发送者传递到接收者的。

（4）受众（对象）分析。在这一领域，关注点放在接受传播信息的接收者身上，从整体和个体的角度了解他们的兴趣、需求以及接受信息和受影响的因素。

（5）效果分析。这个领域专注于研究受众接收信息后产生的意见、态度和行为的改变。通过这种分析，我们能够量化传播的影响和结果。

虽然拉斯韦尔的传播模式为人们提供了宏观上把握传播规律和特征的工具，但它过于简化，未能考虑到传播过程中的两个重要因素：传播动机和信息反馈要素。这些因素在实际传播中具有重要作用，因此需要综合考虑以获得更全面的理解。

（二）香农—韦弗传播模式

在 20 世纪 40 年代，著名数学家克劳德·E. 香农（Claude Elwood Shannon）出于对电报通信问题的浓厚兴趣，构建了一个关于通信过程的革命性模型。这个模型最初是单向直线式的，然而不久之后，他与沃伦·韦弗（Warren Weaver）展开合作，对模型进行了深刻的改进与扩展（图 2-5）。在这一新的模型中，引入了反馈系统的概念。具体而言，当信息的接收者收到信息后，会产生相应的反应。这种反应通过特定的渠道被反馈给信息的发送者。基于这样的反馈信息，发送者有能力重新设计或者修改传输的内容或方式，以更好地适应接收者的需求，或者更容易被接收者所理解和接受。正是通过这样的反复调整和优化，传播效果才得以显著提升。

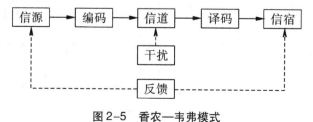

图 2-5　香农—韦弗模式

(三)施拉姆传播模式

施拉姆(W. Sehramm)对香农—韦弗模式进行了进一步的改进,提出了涉及"经验范围"的传播模式(图2-6)。

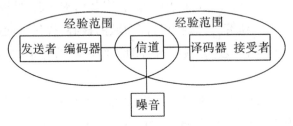

图2-6　施拉姆模式

这一模式强调在传递和接受信息的双方之间,真正的有效交流只能在彼此共同的经验范围内实现。因为只有这个共同范围内的信息才能够被信息的发送者和接受者所共享。因此,施拉姆模式被认为是一种较为适用于说明教学传播过程的模式。根据这一模式,教师在教学过程中应当充分考虑学生的知识基础、年龄、动机、兴趣以及之前的经验等因素。教师应当在尽可能涵盖师生双方共有的"经验范围"内进行有效的教学传播,从而为教学的信息传递创造有利条件。基于这一共同的"经验范围",教师可以逐步扩展学生的认知和经验,使之逐渐拓展其个人的"经验范围"。

(四)贝罗传播模式

贝罗(D. Berlo)模型将传播过程分解为四个基本要素,即信源(source)、信息(message)、通道(channel)和受传者(receiver),又被称作 SMCR 模式(图2-7)。该模型着重展示了构成每个基本要素的多个因素。

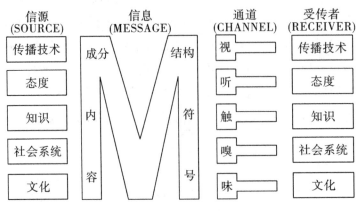

图2-7　贝罗传播模型

贝罗模型生动地阐述了信息传播的多样途径和渠道,揭示了其不同组成部分的相互作用,而决定传播效果的并非仅源于传播过程中的某个单一环节。相反,这一效果是由构成传播过程的信息源、信息内容、传播通道以及接受者这四个要素,以及它们之间错综复杂的关联所共同塑造的。值得注意的是,在传播过程中,每个组成部分都受到其自身特点与条件的制约,从而形成了一个相互依存且相互制约的系统。

贝罗模型如今被广泛运用于解析教育传播的进程。该模型详尽阐述了在教育传播过程中,影响和塑造教学信息传递效率与效果的因素是多元且错综复杂的,这些因素之间不仅存在相互关联,还相互制约。为了提升教育传播的成效,必须对各个方面的影响因素进行综合审视与深入研究。贝罗模型为教育传播领域的研究提供了一系列结构性因素的考虑,这些因素对于研究变量的设计和决策过程具有一定的指导作用。

二、传播理论在教学中的应用

(一)教育传播的特征

教育传播是教育者根据特定要求,在有效的传播媒体通道中,选择合适的信息内容,将知识、技能、思想和观念等传递给特定的受教育对象的一种活动。这种活动代表着教育者与学习者之间的信息交流,旨在推动学习者的全面发展,以培养满足社会需求的各类人才。与其他传播形式相比,教育传播表现出一系列独有的特征。

首先,教育传播具有明确的目标。其主要目的在于人才培养,从而区别于其他传播活动。其次,教育传播的内容受到严格的规定。教育传播的内容必须符合教学计划和教学大纲的规范要求,确保教育的准确性和一致性。再次,教育传播还体现出受教育者的特定性。因为不同受教育对象在认知水平、兴趣爱好等方面存在差异,教育者需要针对性地调整传播方式和内容,以达到更好的效果。最后,教育传播还表现出媒体和传播通道的多样性。在教育传播中,教育者可以灵活运用口语和肢体语言,也可以利用板书、模型、幻灯片、电视等多种媒体工具。此外,传播方式可以是面对面的直接交流,也可以是远距离传输。这种多样性有助于满足不同学习者的需求,提高教育传播的效果和覆盖范围。

总之,教育传播作为一种重要的信息交流活动,通过教育者与受教育者之间的互动,促进了知识、技能和价值观的传递与交流。其特定的目的性、内容规定性、受教育者的个体性以及传播方式的多元性,都为教育体系的健康发展提供了支持和动力。

(二)传播理论对教育传播的指导作用

1.拉斯韦尔理论说明了教学传播过程所涉及的要素

拉斯韦尔理论以其独特的观点引导着我们深入分析教育传播过程中涉及的多个要素,以揭示教育背后的内在规律。在这一理论的引领下,教育工作者不断完善"5W",进一步扩展为更为丰富的"7W"模式(表2-1)。在这一模式中,每个"W"代表着教学过程中的一个关键要素,这些要素在教育的实践中具有至关重要的地位。这些要素的综合考量不仅有助于我们深入研究教学过程本身,还能够为解决各类教学问题提供有益的启示。

表2-1 "7W"教学模式

Who	谁	教师或其他信息源
Says what	说什么	教学内容
In which channel	通过什么渠道	教学媒体
To whom	对谁	教学对象即学生
With what effect	产生什么效果	教学效果
Why	为什么	教学目的
Where	在什么情况下	教学环境

这些要素的详细分析和思考,对于研究教学过程的规律至关重要。教育工作者需要从多个角度出发,分别考虑每个"W"所代表的要素,以便更好地理解教育的本质。这种综合性的探究,不仅有助于我们发现教学过程中存在的潜在关联,还能够为解决实际教学中的难题提供更为深刻的见解。

总之,拉斯韦尔理论为我们提供了一个深入分析教育过程的框架,通过"7W"模式的引导,使得教育工作者能够更全面地把握教学要素,从而更好地理解教育的运行机制和规律。这些要素不仅仅是理论上的概念,它们在实际的教学实践中同样具有重要的实用性,有助于我们更加高效地开展教学工作,解决各类教育难题。

2.香农—韦弗传播模式指出了教学传播过程的双向性

香农—韦弗传播模式强调双向传播对于提高传播效果的重要性。在教学领域中,教学信息的传递也是通过教师和学生之间的相互传播来实现的。因此,在教学过程中,充分利用反馈信息是至关重要的,这有助于随时调整和控制教师与学生的互动活动,以实现预期的教学目标。基于香农—韦弗模式,罗密佐斯基发展出一个适用于教育领域的双向传播模式(图2-8)。这个模式强调传播者和接收者都是积极参与的传播主体。接收者不仅仅是被动接受和解释信息,还会对信息作出反应,这凸显了传播是一个双向互动的过程。通过反馈机制,传播过程可以不断地循环进行,实现更有效的信息传递与交流。

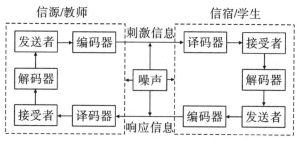

图2-8 双向传播模式

3.传播理论揭示了教学传播过程的若干规律

(1)共识律。共识的内涵呈现出多重维度,一方面涵盖教师在教学过程中需根据学生已获得的知识和技能水平,精准构建有效的传递桥梁;另一方面则涉及教学目标与内容的特点,呼唤教师为学生精心筑就恰如其分的学习环境,使得学生现有的知识技能与即将呈现的、学习材料能够有机融合,达到传授知识的高效目标。在教学传播的舞台上,共同的知识技能基石被视作教师与学生相互沟通与交流的基础前提。然而,值得深思的是,教学信息的选择、组合和传递并非简单的单向流动,而应在关注学生现有知识技能水平和特点的基础上,兼顾挖掘学生内在的发展潜能,使教学过程更趋于个性化与包容性。

(2)谐振律。谐振,指的是教师在信息传递中的"信息源频率"与学生在接受信息时的"固有频率"之间实现了一种互相接近,使得两者在信息交流和传递的过程中产生了一种契合和共鸣。这种谐振不仅是教学传播活动得以持续和深化的关键要素,同时也是实现较佳传播效果所必不可少的条件。教师或信息源传递信息的速率和容量必须与学生的认知速度和接受水平相匹配,过快或过慢、容量过大或过小都可能导致信息传递的阻滞。为达到有效谐振,教师还需要创造一种民主宽松、情感交融的传播氛围,时刻关注并收集来自学生的反馈信息,以便能够及时调整教学传播活动的进程。这种关注反馈和动态调控的循环机制,有助于保持教学过程的有效性和学生的参与度。

(3)选择律。在教育传播领域,所谓"选择"指的是针对教学内容、方法和媒体等诸多要素进行明智筛选的过程。这种精选的行动基于对学生的身心特点的深入理解,以及为实现教学目标而寻求最佳途径的追求。在教育实践中,选择合适的媒体工具具有重要作用,这要求我们在选择时权衡各种因素,努力降低成本的同时,最大限度地提升所采用媒体的效能。因此,在教育环节中,精心的选择不仅关乎教学的成效,更是追求在最优"代价/效果"范围内达成教育目标的关键所在。

(4)匹配律。所谓"匹配",指在特定的教学传播环境中,通过深入剖析学生的需求、教学内容的要点、教学目标的设定、教学方法的选择、传播媒体的特性以及教学环境的影响等多方面因素,将这些复杂而多变的要素巧妙地融合和协调,使它们在教学传播系统中形成有机的、和谐的关联,从而促使整个教学传播系统在一个良性循环中运转。在教学传播活动中,广泛使用各种传播媒体,而每种媒体都拥有其独特的多重功能特性。只有深入了解每种媒体的优势和限制,善于发挥长处、避免短板,合理地将它们组合运用,方能使它们在相互作用中发挥最大的协同效应。这种精心的匹配和媒体的科学运用,将有助于教学传播活动的高效开展,使知识传递更为流畅、生动、有效。

第四节　视听教育理论

在20世纪初期,诸如幻灯机、投影仪等新型媒体的引入,在教学领域掀起了一股崭新的浪潮,为教育注入了生动的视觉元素,并获得了令人满意的教学成效,因此被赞誉为"视觉教育"运动。然而,随着时光的流逝,无线电广播、有声电影以及录音等媒体相继问世,而它们的应用也逐渐融入教育教学实践之中,从而使这一运动演进为更加综合的视听教育运动。视听教育运动的进一步发展催生了相应的理论体系,这些理论对各类视听媒体在教学过程中的价值和作用进行了深刻总结和阐述。这些理论不仅为媒体的设计和选择提供了重要的指导,同时也成为教育技术领域中不可或缺的基础性理论,为教育实践的现代化探索提供了坚实的支撑。

一、视觉教学理论

在20世纪三四十年代,美国涌现出一批视觉教育领域的专家,如韦伯(Joseph Weber)和霍本(Charlers Fhoban),他们的研究聚焦于兴起中的视觉教育,为该领域带来了一套系统且全面的教学理论。首先,他们强调学生的知识获取是感性认知与理性思维的有机融合。相较于传统教材,视觉媒体能够提供更具体、更富有效性的学习体验,进而促进深刻的学习过程。其次,为了更科学地运用各类视觉媒体,必须进行媒体的分类。这种分类依据应当是媒体所能带来的学习体验的具体程度。最后,他们主张将视觉教材的使用与实际教学课程有机结合起来,以确保教材在课堂实践中发挥最大效益。这些原则为视觉教育提供了指导,使之成为更加精准和有效的教学手段。

二、视听教学理论

20世纪40年代,美国杰出教育家戴尔(Edgar Dale)借助视觉教学理论,开创了一个以"经验之塔"为核心的视听教学理论体系。在他看来,经验乃是"身心融入活动的产物",因而他提倡着"从经验中汲取知识"。戴尔将人类学习的经验分为三大类:直接的实践经验、代替的观察经验以及抽象的理论经验,并将其根据抽象程度划分为十个层次(图2-9)。这一理论不仅丰富了教育方法学,也为学习理论的发展注入了新的思考。

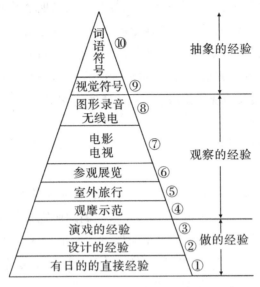

图2-9　戴尔的"经验之塔"

(一)"经验之塔"的要点

(1)塔体的分层体现了不同类型经验的具体和抽象特质,底层经验最具体,逐层上升逐渐抽象。各种经验的获取伴随相应的教学活动和媒体,教师可根据学生需求和能力,以及任务性质,智选适宜的教学活动和媒体。

(2)根据人们认知事物和掌握经验的规律,教学活动的策略应当从具体经验出发,逐步引导学生慢慢向抽象层面推进。毋庸置疑,学生在掌握普遍法则和概念之前,必须依赖具体经验的支撑。在这一认知背景下,构建有效的学习方法变得至关重要,而首要任务则是为学生提供充实而具体的经验。在教学过程中,有必要充分利用多种学习途径,以便将学习者的直接经验与间接经验相互联系,从而达到更为综合且深入的理解。

(3)在教学过程中,仅仅停留在直接的经验层面是不够的,我们需要积极引导学生迈向更加抽象的思维发展阶段。这是因为概念在思维推理中具有重要作用,它们像是知识探求的智力工具,能够极大地简化复杂的认知过程。通过引导学生逐渐理解和运用抽象的概念,我们可以激发他们更深层次的思考,培养出更具创造性和批判性思维能力的个体。因此,在教育中,培养学生对于抽象概念的理解和运用能力,将有助于他们在面对各种知识领域的挑战时更加游刃有余地进行思考和解决问题。

（4）由于多方面制约，人们常常难以获得丰富的直接经验。但恰好位于塔腰层级的视听教学媒体，具备着能够为学习者提供替代性经验的独特能力。这种媒体形式有助于克服时空的限制，弥补了学习者因种种原因所面临的直接经验匮乏的困境。

（5）在教育现场中，广泛运用多种教育教学工具，不仅能够赋予教育过程更具体、更直观的特质，还能够为学习者带来更为深刻的抽象经验。通过融合多样化的教育资源，教师能够创造出生动的教学环境，激发学生的学习兴趣。这些教育工具，从科技设备到教育游戏，都能够将抽象的概念和知识转化为实际的感知体验，帮助学生更加深入地理解和掌握学习内容。通过互动式的学习过程，学生能够参与到知识的构建中，从而更自主地进行思考和探索，最终培养出更强的综合能力。因此，在教育实践中充分运用各类教育教学工具，已经成为提升教育质量和学习效果的重要途径之一。

（二）视听教学理论对教育技术发展的贡献

（1）将学习经验划分为具体经验和抽象经验，进一步提出以所提供的学习经验的具体性或抽象性作为分类视听教材的理论基础，从而为后续的教学媒体分类和选择奠定了基础。这一理念的引入不仅在教育领域掀起了思想的革新，也在教学方法的发展上具有重要意义。通过这种对学习经验的分析，教育者可以更好地理解学习者在不同情境下的需求和能力，进而更有针对性地选择和设计适合的教学媒体，从而优化教学效果。这种理论基础为教学媒体的分类和使用提供了更加科学和系统的指导，为教育教学的现代化探索注入了新的动力。

（2）强调学习从直接经验出发，主张通过视听教学媒体获取替代性经验，以弥补因无法获得直接经验而产生的学习障碍。这一思想深刻地影响了教育领域，为教学媒体的运用提供了关键的理论支持。这种方法认为，学习不仅仅是从书本或教师口中获得知识，更是通过亲身体验和感知吸收信息。视听教学媒体的应用使得学习者可以通过模拟情境、观察案例等方式，获得虚拟的、实质性的学习经验。这对于一些无法亲身参与的现实场景，如历史事件、生态系统运行等提供了一种独特的学习机会，有助于更深入地理解和掌握知识。因此，这一理念为教育实践中运用多媒体教学提供了理论指导，推动了教学方法的创新与升级。

第五节　系统科学理论

　　系统科学理论,涵盖了系统论、信息论和控制论等多个分支,作为一门科学方法论,被广泛运用于各个学科领域。这一理论架构强调将事物和对象视为系统,从整体的角度展开研究,深入探讨其构成要素、内部结构、功能特性,以及彼此之间的相互关系。通过这种综合性的研究方式,系统科学理论能够有针对性地引导系统的发展轨迹,以实现最优化的效果。这一思想框架的应用范围广泛,从自然科学到社会科学,从工程技术到管理决策,都能够借助系统科学的观点和方法,更加全面地理解问题,寻求创新解决方案。通过将复杂的现象和过程拆解为相互关联的组成部分,系统科学为不同领域的研究者提供了一种通用的分析和决策工具,从而促进了跨学科合作和知识交流,为各行各业的发展注入了活力。

一、系统论、信息论、控制论

(一)系统论

　　系统论的创始人为美籍奥地利生物学家贝塔郎菲(L. V. Bertalanffy),他倡导的系统论主张不再孤立地看待事物,而是将其视为由相互作用和相互依赖的多个部分组合而成,形成具备特定功能的有机整体。根据系统论的观点,世界上所有的事物、现象和过程都呈现出有机整体的特性,这些事物相互关联,相互影响,从而构成了一个错综复杂的系统网络。无论是微观领域还是宏观领域,各种系统相互交织,相互联系,共同组成了这个多层次、多维度的系统世界。而且,系统不仅自身是一个系统,同时又是更大范围系统的一部分,形成了一个系统与子系统相互嵌套、互为关联的体系。系统论的核心思想也表现在系统与环境之间的互动中,任何系统都与其周围的环境进行物质、能量和信息的交换,通过这种交换,系统不断地变化和发展,同时又保持了一定的动态稳定。这种强调系统内外互动的观点,为我们理解事物的发展变化提供了一种更全面、更深入的思考方式。

　　系统论的指导理念强调了以整体、综合和动态的视角来审视教学的各个环节与现象。这种方法要求我们将教学过程视作一个相互关联的系统，而非孤立的组成部分。在这一理念的引导下，我们更倾向于采用系统性的方法来应对教育教学中所涉及的问题。这意味着我们不再将问题简单地拆分成单一因素，而是将注意力放在了各因素之间的相互影响和互动上。这种综合性的视角有助于我们更好地理解教学的复杂性，从而能够更有效地找到解决问题的路径。系统论的观点不仅引导了我们在教学中关注大局，还促使我们在教学设计和实践中运用更灵活的方法，以适应不断变化的教育环境和学习需求。

（二）信息论

信息论的主要奠基人为美国数学家香农（Claude Shannon）。信息论被定义为一门研究不同系统中信息计量、传递、转化、存储以及应用规律的科学领域。根据信息论的观点，系统通过获取、传递、处理和利用信息来实现其有目的的运作。在教育体系中，教学目标便是通过教育信息的传递、处理、转化以及反馈机制的运用来得以实现的。这种观点强调了信息的关键作用，将其应用于教学领域不仅有助于更好地理解学习过程，还能够为教育模式的优化提供新的视角。

（三）控制论

美国数学家维纳（N. Wiener）被誉为控制论的主要奠基人，他的贡献为控制论的形成奠定了坚实基础。控制论是一门研究不同控制系统之间共通控制规律的科学，旨在通过深入探究系统的调控机制，实现系统优化的目标。控制论的核心信念在于通过理解系统内部各部分的相互联系与信息传递，从而使整个系统协同运行，达到所需的运动机制。从控制论的角度出发，将信息反馈与调节系统的原理引入教育领域，被认为有助于更好地实现预设的教学目标。这种方法能够在教育环境中创造出一种动态平衡，通过精准的信息反馈，不断校准教学过程，使教育系统的演变与学习目标保持一致。

二、系统科学理论对教育技术的指导意义

系统科学的思想和方法，尤其是系统科学理论所倡导的三大基本原则：整体性、反馈性和有序性原理，为教育技术的研究与应用带来了崭新的思维

途径和方法论。这些原则深刻地启示我们,将教育视作一个相互关联的整体,强调各要素之间的有序关系以及信息与效果之间的动态反馈,可以显著地提升教育技术的开发与实施。在这一理念的指引下,教育者和技术专家能够更加精准地把握教学过程中的相互影响,从而更有效地创造出适应不断变化学习需求的创新性解决方案。这些系统科学的深邃原则的融入,为教育技术领域注入活力,推动其不断向前发展。

(一)整体原理

系统是由一系列相互联系且相互作用的要素构成的有机整体。在任何系统中,整体的功能并非仅仅是各个要素功能的简单累加,而是要素功能之间的相互影响与综合作用的结果。对于一个精心构建、协调运行的系统而言,其整体功能超越了各个孤立要素的总和。这一整体原理引导着我们在探究问题时,始终树立全局、整体的视角。除了关注单一要素的功能发挥,更需关注各要素相互交织形成的结构所具有的功能。整体原理的启示在于深刻认识到教育系统中各要素协调运行的紧迫性。在进行教学设计时,必须从整体着眼,综合考虑教学过程中的多个要素,协调好教师、学生、教学内容以及教学媒体等要素之间错综复杂的关联,以最大程度地发挥系统整体的优势,从而实现教学效果的最优化。

(二)反馈原理

任何系统在追求预期目标时,都不可或缺地依赖于反馈信息的引导,以实现有效的控制。反馈机制分为系统内部信息的反馈与对外部影响的反馈两种形式。内部信息的反馈是系统内各要素相互作用时,受作用要素向施作用要素传递的状态信息,这种信息交流有助于我们精准调控系统的运行状态。外部信息的反馈则指系统内要素对外界变化的响应,它使我们能迅速洞察环境变化对系统的影响,并适时采取相应措施,调整环境或调整系统自身的功能。反馈原理深刻告诉我们,教育系统必须建立高效的反馈机制,确保反馈信息传递通道的畅通无阻,作为教育系统稳定且朝向积极发展的关键前提。在教学过程中,及时获取反馈信息有助于我们准确把握当前状况与预期目标之间的差距,随时调整教学的内容、进度和方法,从而显著提升教学质量与学习效率。

(三)有序原理

系统的结构、功能以及层次的动态演变赋予其一定的指向性,从而呈现出有序的特征。从最初的简单无序状态出发，系统经历逐步的演化，逐渐发展为高级复杂且有序的状态，而有序性则有助于系统朝着更加稳定的方向前进。实现系统的有序性需要满足几个重要条件。首要的是确保系统具备开放性，即能够与外部环境进行信息交换和能量传递，因为一个封闭自足的系统难以实现有序状态的转变。其次，系统必须具备偏离平衡态的能力，这样才能在受到外界影响时发生能量变化，并最终趋于相对稳定的状态。这一过程强调了系统内部的自我调节和适应能力，从而使得系统得以在变化中保持相对的有序性，进而实现更长久的稳定性。

有序原理强调了教育系统稳定发展的关键，表明其必须具备开放性。教育教学活动必须与外部环境紧密互动，进行必要的信息共享，从而实现对教育体系的灵活调整和持续优化，以便满足社会发展对教育的多样化需求。同时，教育系统也被视为一个不断变化的动态体系，在其运行过程中会不断演进、调整和适应。因此，在设计教育系统时，不应试图寻求一成不变的理想固定模式，而应着眼于构建一个具备完善调整和适应功能的机制，使其在不断发展的过程中能够持续保持正确的前进方向，从而实现动态平衡的目标。

第三章 教育信息资源的开发和利用

教育信息资源的开发和利用是现代教育中的重要组成部分。通过开发和利用教育信息资源,教师和学生可以获取丰富的学习内容和工具,提升教学效果和学习效果。首先,教育信息资源的开发涉及多个方面,包括教材、课程内容、多媒体资料等。教育机构和教师可以利用技术手段和创新方法,开发适应不同学习需求和教学目标的教育信息资源。其次,教育信息资源的利用是指教师和学生在教学和学习过程中对这些资源的应用。教师可以通过引入教育技术工具和平台,将教育信息资源融入教学设计中,提供多样化的学习体验和互动机会。学生可以通过访问在线资源、参与在线讨论和合作项目,深化对知识的理解和应用能力。教育信息资源的开发和利用有助于提高教学效率、促进学生的主动学习和创造力发展,培养学生的信息素养和终身学习能力。因此,教育机构和教师应不断推动教育信息资源的开发和创新,并提供支持和培训,以最大程度地发挥其在教育中的作用。

第一节　教育信息资源概述

教育信息资源在教育领域具有广泛的重要价值,涵盖了教学、研究、政策制定、社会发展等多个方面,为构建现代化、创新型的教育体系提供了有力支持。

一、教学与学习资源

教育信息资源为教师和学生提供了丰富多样的教学与学习材料,如数字化教材、网络课程、在线学习平台等。这些资源可以突破传统课堂的限制,为学生提供个性化、互动性强的学习体验,同时使教师更好地针对学生需求进行教学设计。

1.教学资源

(1)课程设计和教案。教育信息资源包含了丰富的课程设计和教案,教师可以借助这些资源来设计教学内容、制定教学计划,从而提高课程的质量和有效性。

(2)多媒体教材。多媒体教材能够融合图像、声音、视频等元素,使得教材更加生动有趣,有助于吸引学生的注意力,提升教学效果。

(3)教学视频和演示。教育信息资源中的教学视频和演示可以帮助教师将抽象概念可视化,让学生更易于理解,同时也为学生提供了独立学习的机会。

2.学习资源

(1)在线课程和学习平台。在线学习平台提供了丰富的课程资源,学生可以自主选择感兴趣的课程进行学习,实现自主学习的目标。

(2)电子图书和文献资源。学习资源中的电子图书和文献可以让学生深入学习特定领域的知识,促进独立思考和学术研究。

(3)习题和考试资源。学习资源中的习题和考试资源可以帮助学生进行复习和自测,巩固所学知识,同时也为教师提供了评估学生掌握程度的工具。

3.互动与合作资源

(1)在线讨论和社交平台。学习资源中的在线讨论和社交平台可以促进学生之间的交流与合作,拓展学生的思维,培养合作能力。

(2)虚拟实验和模拟环境。一些教育信息资源提供虚拟实验和模拟环境,让学生在虚拟场景中进行实验和操作,增强实践能力。

(3)协作工具和项目资源。教育信息资源中的协作工具和项目资源能够帮助学生在团队中合作完成任务,培养解决问题和协调合作的能力。

二、研究与知识创新

教育信息资源促进了教育研究和知识创新的发展。研究人员可以通过大数据分析、文献检索等手段,获取更多的教育相关信息,从而开展更深入的研究工作。在线学术数据库、数字图书馆等资源为教育界的知识积累和交流提供了便利。

1. 教育信息资源的研究方法与技术创新

研究方法和技术的创新在深化对教育信息资源的认识和应用上具有关键作用。例如,数据挖掘、机器学习和自然语言处理等技术可以从海量的教育数据中提取有价值的信息,为教育决策和教学改进提供支持。此外,虚拟现实、增强现实等技术也可以创造更具沉浸感和互动性的教育环境,促进学习效果的提升。

2. 教育信息资源的创新应用

教育信息资源的创新应用能够改善教育质量和效果。例如,在个性化教育方面,基于学生学习数据的分析可以为每个学生设计量身定制的教学计划,提升学习效率。在线教育平台的兴起也为广泛传播知识提供了便利,同时也需要创新教育内容和教学模式以适应线上环境。

3. 教育信息资源的知识生成与共享

教育信息资源的研究和创新促进了知识的生成和共享。教育研究者可以通过分析教育数据和信息资源,产生新的教育理论和洞见,为教育改革和政策制定提供依据。同时,开放共享教育资源也有助于促进教育资源的丰富和多样性,推动教育知识的传播。

4. 教育信息资源的伦理与隐私考量

在研究和创新过程中,需要关注教育信息资源的伦理和隐私问题。例如,教育数据的收集和分析应遵循适当的伦理标准,确保学生和教师的隐私权不受侵犯。此外,教育技术的应用也需要平衡教学效果与个人数据保护之间的关系。

5. 教育信息资源的全球合作与交流

教育信息资源的研究与创新是全球性的课题,需要国际合作与交流。通过跨国合作,可以共同研究和解决全球性的教育问题,共享不同地区的教育实践经验,促进教育信息资源的全球共享和应用。

三、教育政策与决策支持

教育信息资源为政府部门和教育管理者提供了决策的支持依据。教育数据分析和信息系统可以帮助监测教育发展状况、评估政策效果,从而优化教育政策的制定和实施。

1. 政策制定与监测

教育政策的制定需要基于科学的数据和信息支持。教育信息资源可以提供各类教育指标、数据分析和趋势预测,帮助政策制定者了解教育体系的现状和发展趋势,从而制定更加符合实际需求的政策。例如,教育部门可以通过教育信息资源了解到教育投入与产出的关系,进而调整预算分配策略。

2. 教育需求预测与规划

教育信息资源可以提供人口统计数据、学生人数预测等信息,支持教育规划和资源配置。政府可以根据预测数据合理安排学校建设、教师培训、教材制作等,确保教育资源与需求的平衡。例如,一个地区的学龄人口增加,可以通过教育信息资源提前规划新建学校或增加教育设施。

3. 教育质量评估与改进

教育信息资源可以用于评估教育质量和效果。通过收集学生的学业成绩、教师的教学评价、教材使用情况等数据,可以及时发现教育质量存在的问题,并采取相应措施进行改进。政策制定者可以根据评估结果,优化教育内容,改进教学方法,提升教育质量。

四、跨越地域和社会差距

教育信息资源具有跨越地域和社会差距的潜力。在发展中国家或偏远地区,通过互联网和数字技术,学生可以获得来自全球的优质教育资源,弥补资源不足的问题,实现教育的普及和公平。

1. 地域差距的影响

(1)教育机会不均衡。不同地区的教育资源分配不平衡,导致一些地区的学生面临教育机会不足的问题。例如,发展较为滞后的农村地区常常面临教师短缺、教材不足等问题,限制了学生的学习机会。

(2)教育质量差异。城市地区通常拥有更丰富的教育资源,包括师资力量、实验设备等,因此教育质量普遍较高。而农村地区则由于资源匮乏,往往面临教学条件不佳、师资力量不足等问题,导致教育质量相对较低。

2. 社会差距的影响

（1）数字鸿沟。社会经济地位较低的群体往往无法获得足够的教育信息资源，造成数字鸿沟。这使得他们在获取学习资源、参与在线教育等方面受限，进一步加大了教育机会的不平等。

（2）教育公平问题。社会差距导致了教育资源分配不均，迫使贫困家庭的孩子在教育上面临更大的困难。这不仅影响他们个人的发展，也加剧了社会不平等现象。

3. 信息科技的可能解决方案

（1）在线教育。借助互联网，可以在较大范围内提供教育资源，缩小地域差距。但需要注意，要确保在线教育平台的内容质量，以免进一步加大教育质量差距。

（2）数字包容性。政府和社会应该推动数字化普及，让更多社会阶层都能够享受到信息科技带来的便利。这有助于减少数字鸿沟，提高社会整体的教育素质。

（3）公共政策干预。政府可以制定相关政策，保障教育资源的公平分配，确保农村地区和贫困家庭的学生也能够享有良好的教育机会。

五、职业发展与终身学习

教育信息资源在职业发展与终身学习中发挥着至关重要的作用。它为人们提供了职业规划、技能培训、职业转型等支持，同时也鼓励人们秉持终身学习的理念，从而实现个人职业成就和社会参与的双重目标。信息技术的不断进步更加强化了这种影响，使教育资源更加普惠和便捷。

1. 职业发展

（1）职业规划与选择。教育信息资源提供了大量关于不同职业领域的信息，包括就业市场趋势、薪酬水平、职业要求等。学生和职业人士可以通过这些资源更准确地了解各个领域的优势和劣势，从而做出更明智的职业规划和选择。

（2）技能培训与发展。在职场中，不断提升和更新技能至关重要。教育信息资源提供了在线课程、培训机会等，使人们可以在工作之余进行技能提升，适应职场变化。例如，从计算机编程到领导力培训，这些资源都能够支持个人在职业道路上的不断发展。

（3）职业转型与跨界发展。教育信息资源为职业转型提供了可能性。通过学习新领域的知识和技能，人们可以从一个职业领域成功转向另一个领域。例如，一个工程师可能通过在线课程转向数据分析领域，以适应市场需求的变化。

2.终身学习

（1）知识更新与适应性。教育信息资源支持终身学习的理念，帮助人们不断更新知识，适应社会变革和科技进步。无论年龄大小，人们都可以通过网络课程、学术文章等学习新知识，保持自己的竞争力。

（2）个人兴趣与爱好。终身学习不仅限于职业发展，还涵盖了个人兴趣和爱好。教育信息资源提供了各种课程和资源，使人们能够追求自己的兴趣，例如音乐、艺术、烹饪等，丰富生活。

（3）社会参与与文化传承。终身学习有助于人们更好地融入社会，参与公共事务，提高公民素质。教育信息资源提供了各种社会科学、公共政策等课程，帮助人们了解社会问题，为社会进步贡献力量。

六、教育创新与互动

教育信息资源在教育创新方面可以通过个性化教学、在线学习平台、虚拟实验室等方式推动创新，而在教育互动方面，可以通过在线讨论、远程协作、实时反馈、互动式课堂等方式促进师生互动和学生之间的交流合作，从而提升教育质量和学生综合能力。

1.教育创新

（1）个性化教学。教育信息资源能够为学生提供个性化学习材料和教学方案，根据学生的学习特点和兴趣定制教学内容，促进学生的主动学习和深度理解。

（2）在线学习平台。网络教育平台如 Coursera、edX 等为学生提供丰富的在线课程，不受地域限制，使教育资源更加普及和便捷，推动学习方式的革新。

（3）虚拟实验室。虚拟实验室为学生提供安全、低成本的实验环境，培养科学研究能力，同时推动实验教学的创新。

2.教育互动

（1）在线讨论和社交平台。教育信息资源可以通过在线讨论和社交平台促进师生、学生之间的互动，让学生在交流中构建知识，提高思维能力。

（2）远程协作。教育信息资源支持学生进行远程协作，不仅培养了团队合作精神，也为学生提供了跨地域合作的机会，增强国际交流与合作能力。

（3）实时反馈。在线教育平台可以提供实时的学习成绩和反馈，帮助学生及时了解自己的学习进度和不足，促进自我管理和学习动力。

（4）互动式课堂。利用教育信息资源，教师可以在课堂中设置投票、互动问答等环节，增强课堂互动，激发学生兴趣，提高课堂效果。

第二节　教育信息资源的开发

教育信息资源的开发是指收集、整理、利用和共享教育领域的信息和资源，以支持教学和学习活动。

一、教学资源开发

教学资源包括课程教材、教学设计、教学案例、多媒体课件、教学视频等。为了开发高质量的教学资源，教育工作者可以利用教育研究和最佳实践，开发符合学科教学标准和学生学习需求的教材和课程；也可以利用创新的教学设计方法，设计具有启发性和互动性的教学活动和任务；还可以利用技术工具和软件，创建多媒体教材和教学资源，提供丰富的学习材料和视听资料。

1.教学资源需求分析

教学资源的开发应该从教学需求出发。教师和学生的需求分析是关键的第一步，了解他们的学习目标、课程内容、学习风格、技术能力等。这样可以确保开发的教学资源能够满足教学实践的需求。

（1）教学目标和学习目标。需求分析应该从教学目标和学习目标出发，明确所需教学资源的类型、内容和形式。不同学科和学习阶段的教学目标和学习目标可能不同，因此需求分析应该根据具体情况进行定制。

（2）学科领域和知识体系。教学资源需求分析要考虑到具体学科领域和知识体系的特点和要求。不同学科有不同的知识结构和教学方法，因此教学资源的开发需根据学科特点进行分析，以确保资源与学科内容紧密结合。

（3）学生特点和学习需求。需求分析应该考虑学生的特点和学习需求。学生的年龄、学习水平、兴趣爱好等因素都会对教学资源的需求产生影响。分析学生的背景和需求，可以根据他们的实际情况来开发相应的资源，满足他们的学习需求。

（4）教学方法和策略。需求分析应该考虑到教学方法和策略的选择。不同的教学方法和策略需要不同类型的教学资源支持。如采用探究式学习方法，则需要提供能够促进学生探索和实践的教学资源。

2. 教学设计与规划

在教学资源开发过程中，需要进行教学设计和规划，确定教学资源的结构、内容和形式。教学设计应考虑到学科特点、学习目标和学生的认知水平，合理组织教学内容和活动，以促进学生的学习效果。

（1）教学目标的确定。在教学资源的开发中，首先需要明确教学目标。教学目标是教学设计的基础，指导着资源的选择和开发过程。教师需要明确学生应该达到的知识、技能和能力，并将这些目标与教学资源的内容和形式相匹配。

（2）教学内容的选择与组织。教学资源的开发涉及选择和组织教学内容。教师需要根据教学目标和学科知识结构，选择适当的教材、参考资料和多媒体资源。同时，教师还需要将教学内容组织成有机的整体，确保知识的连贯性和逻辑性。

（3）教学策略与方法的设计。教学资源的开发需要考虑教学策略和方法的设计。教师应根据学科性质、学生特点和教学环境选择合适的教学策略和方法。例如，对于某些主题，可以采用探究式学习、合作学习或项目制学习等活动形式，以促进学生的主动参与和深入理解。

（4）学习活动和任务的设计。教学资源的开发需要设计学习活动和任务，以促进学生的学习和实践。学习活动可以包括课堂讨论、实验、案例分析、角色扮演等形式，通过具体的任务和问题激发学生的思考和学习动机。

在教学资源的开发中，教学设计与规划是一个综合性的过程，需要教师综合考虑学科特点、学生需求和教学目标,合理选择和组织教学内容,设计合适的教学策略和方法,并利用多媒体资源进行支持。同时,教师应不断进行评估和反馈,不断改进和完善教学资源,以提高教学效果和学生学习成果。

3.多媒体教具和技术工具的开发

多媒体教具和技术工具在教学资源开发中发挥着重要作用。可以利用图像、音频、视频等多媒体元素,使教学资源更加生动和引人入胜。同时,选择和开发适合的技术工具,如交互式白板、虚拟实验室、模拟软件等,以提供更丰富的学习体验和互动性。

(1)多媒体教具的开发。多媒体教具指的是结合了文字、图像、音频、视频等多种媒体形式的教学工具。它们能够通过图像和声音等多种感官方式提供丰富的教学内容,激发学生的兴趣和参与度。多媒体教具的开发涉及对教学内容进行设计、制作和整合,需要专业的技术和设计能力。开发过程中要确保教具的内容准确、科学、生动,符合教学目标和学生的学习需求。

(2)技术工具的开发。技术工具是指用于支持教学和学习的软件和硬件设备。例如,交互式白板、教学管理系统、虚拟现实设备等。这些技术工具提供了创新的教学手段和学习环境,可以增强教学效果和学生的学习体验。技术工具的开发需要充分了解教学需求和教育理论,并结合先进的技术来设计和实现功能。开发过程中要注重用户体验,确保工具的易用性、稳定性和安全性。

4.质量评估与改进

教学资源的开发需要进行质量评估和改进。可以利用评估工具和方法,对教学资源的内容、设计、技术实现等方面进行评估。通过收集学生和教师的反馈,了解资源的有效性和可用性,并根据评估结果进行改进,不断提高教学资源的质量。

(1)教育需求分析。在开始资源开发之前,进行教育需求分析是至关重要的。这包括了解学生的学习需求、教学目标和教学环境等。通过仔细分析和明确教育需求,可以确保开发出的教学资源与教学目标和学生需求相匹配。

(2)内容设计与准确性。教学资源的质量评估需要考虑其内容的准确性和深度。资源应该提供准确、有权威性的信息,并以易于理解和学习的方式呈现。评估中应检查资源是否覆盖了相关知识点和概念,是否包含错误或过时的信息。

（3）教学方法和策略。评估教学资源时,需要考虑其是否采用有效的教学方法和策略。资源应该能够激发学生的兴趣和参与度,提供互动和合作的机会,并鼓励学生的批判性思维和问题解决能力。评估中可以关注资源的教学设计、学习活动和评估方法是否有助于学生的学习效果和能力提升。

二、学习资源开发

学习资源是学生在学习过程中使用的各种材料和工具,包括电子图书、学习应用程序、在线教程、练习题等。学习资源的开发可以采取以下措施:①提供全面的学习资料,涵盖不同学科领域和年级层次;②制作针对性的学习应用程序和工具,帮助学生巩固知识和提高学习效果;③提供个性化学习资源,以满足学生的不同学习风格和需求。

1. 教材资源开发

教材是学习的核心资源之一,教育信息资源开发需要关注教材的编写和制作。这包括编写符合教学大纲和学科标准的教材内容,结构合理、条理清晰,并且具有足够的知识深度和广度。此外,教材还可以包含多媒体元素,如图表、图片、音频、视频等,以增强学习效果。

（1）重要性

1）教学质量提升。教材是教学的核心,优质的教材能够为教师提供清晰的教学目标和教学内容,从而提升教学效果。

2）学生学习引导。合理设计的教材可以引导学生逐步深入理解知识,激发学习兴趣,提升学习动力。

3）教育改革推动。教材资源开发与教育改革密切相关,它能够反映新的教育理念、课程标准和教学方法,推动教育体制变革。

（2）方法

1）基于课程标准。教材应与课程标准相契合,确保内容的科学性和针对性,帮助学生达到预期的学习目标。

2）多元化资源。教材资源不仅包括教科书,还应涵盖多种形式的学习资源,如图书、网络资源、实验材料等,以满足学生不同的学习需求。

3）跨学科融合。教材开发可以跨学科融合,促进综合性知识的学习和应用,培养学生的跨学科思维能力。

(3)影响

1)教育公平。优质的教材资源可以缩小教育资源差距,提供统一的学习基础,促进教育公平。

2)学科建设。教材资源开发能够推动学科的深入研究和发展,反映学科的最新进展和前沿知识。

3)教师专业成长。教师在教材资源的开发过程中,能够不断学习更新的教育理念和方法,提升自身的专业素养。

4)教育创新。创新的教材资源可以引导教育创新,尝试新的教学模式和方法,推动教育体制的变革。

2. 多媒体学习资源开发

多媒体学习资源是指利用多种媒体形式(如文字、图像、音频、视频等)来呈现学习内容的资源。这些资源可以通过制作教学视频、电子书、互动课件等形式来实现。多媒体学习资源的开发需要注重内容的准确性和可靠性,同时还要关注媒体的合理运用和互动性的设计,以提高学生的学习兴趣和参与度。

(1)多媒体学习资源的定义和特点。多媒体学习资源是指结合了文字、图像、音频、视频等多种媒体元素的学习材料和工具。它能够提供丰富的视听感受,增强学习者的参与度和理解力。多媒体学习资源具有交互性、可视化、动态性等特点,能够创造出生动、具体、引人入胜的学习环境。

(2)多媒体学习资源的设计原则。多媒体学习资源的开发应遵循一些设计原则,以确保其科学性和真实性。

1)教育原则。多媒体学习资源应符合教育原则,即明确学习目标、符合教学内容、适应学习者的认知规律等。

2)多样性原则。多媒体学习资源应包含多种媒体元素,如文字、图像、音频、视频等,以满足不同学习者的需求。

3)互动性原则。多媒体学习资源应设计互动性,鼓励学习者参与,例如通过问题解答、模拟实验等方式。

4)可控性原则。多媒体学习资源应具有可控性,允许学习者自主控制学习的节奏和深度,以适应不同的学习风格和能力水平。

(3)多媒体学习资源的开发过程。多媒体学习资源的开发通常包括以下几个阶段。

1）分析和规划阶段。确定学习目标、目标学习者群体、教学内容和所需媒体元素，并进行详细的需求分析和规划。

2）设计阶段。根据需求分析，制定多媒体学习资源的整体设计方案，包括界面设计、媒体元素选择和布局等。

3）制作阶段。根据设计方案，使用相应的多媒体制作工具，创作和编辑多媒体元素，并进行内容编排和导航设计。

4）测试和评估阶段。对制作完成的多媒体学习资源进行测试，确保其功能正常、内容准确，并进行评估和反馈，以不断改进和优化。

（4）多媒体学习资源的应用和效果评价。多媒体学习资源广泛应用于各个教育领域和学科，并取得了一定的效果。对于多媒体学习资源的效果评价通常包括学习成绩、学习动机、学习满意度等方面的评估。评价结果可以为进一步的优化和改进提供依据。

3. 虚拟实验和模拟资源开发

虚拟实验和模拟资源可以提供实验和实践的学习机会，以弥补传统教室中无法进行实际操作实验的限制。开发这些资源需要准确模拟实际实验过程和环境，并提供交互性和可视化展示，以帮助学生理解相关概念和原理。

（1）提供实践机会和实验环境。虚拟实验和模拟资源的开发为学生提供了在真实实验室中进行实验的机会，尤其是对于一些实验设备昂贵、难以获得或安全风险较高的实验项目。学生可以通过虚拟实验和模拟资源进行模拟实验，进行实践操作，观察现象，收集数据，并进行实验结果分析和解释。这样可以帮助学生在安全、经济、高效的环境中获得实践经验，提升实验能力和科学素养。

（2）促进理解和概念形成。虚拟实验和模拟资源可以通过图形、动画、模型等多媒体形式呈现教学内容，帮助学生更好地理解和形成概念。通过可视化的方式展示抽象概念、复杂过程和难以观察的现象，可以提高学生的学习效果和记忆力。例如，通过虚拟化学实验软件，学生可以观察分子的运动和反应过程，更直观地理解化学原理。

（3）增强学习动机和兴趣。虚拟实验和模拟资源可以提供丰富多样的学习情境和互动体验，激发学生的学习兴趣和动机。学生可以通过虚拟实验和模拟资源进行自主探究,根据自己的兴趣和需求选择实验内容和操作方式。同时,虚拟实验和模拟资源还可以提供即时的反馈和评估,帮助学生了解自己的学习进展,获得成就感,增强学习的积极性和参与度。

虚拟实验和模拟资源的开发在教育中具有重要作用。它们可以提供实践机会、促进理解和概念形成、增强学习动机和兴趣,同时支持个性化学习和差异化教育。这些资源的开发需要科学的设计和开发方法,确保其科学性和真实性,以提供有效的学习支持和教育效果。

4.学习游戏和教育应用开发

(1)教育效果与学习动机。学习游戏和教育应用的设计结合了游戏化元素,如挑战、奖励、互动等,能够提高学生的学习动机。这些应用通过创造性的互动和奖励机制,使学习过程变得更加吸引人,从而提升学生的参与度和投入感。例如,Kahoot!是一款广受欢迎的教育应用,通过竞争性的问答游戏形式,激发学生的兴趣和积极性,同时加强了知识的掌握。

1)学习动机影响教育效果。学习动机是个体追求知识和成长的内在驱动力,它直接影响着学习的投入程度和专注度。具有积极学习动机的学生更倾向于深入学习、积极参与,从而获得更好的教育效果。例如,一个对历史感兴趣的学生可能更愿意阅读相关资料、参与讨论,最终在历史学科上取得优异成绩。

2)教育效果反过来影响学习动机。学生在学习中获得的成就感和反馈会直接影响他们的学习动机。良好的教育效果可以增强学生的自信心和学习兴趣,从而激发更强烈的学习动机。例如,一个原本对数学不感兴趣的学生,在取得一次突出的数学成绩后,可能会对数学产生浓厚的兴趣并持续投入学习。

3)内外部动机对教育效果的影响。学习动机可以分为内在动机和外在动机。内在动机是出于兴趣和满足感的驱动,通常与更深层次的学习和长期的教育效果相关。外在动机则源于外部奖励或压力,可能会影响短期的教育效果。然而,长期来看,内在动机对于培养持久的学习兴趣和深入思考更具有积极作用。

4)激发学习动机的教育策略。教育者可以采取一系列策略来激发学生的学习动机,从而提高教育效果。例如,提供有趣且与学生实际生活相关的案例,可以激发他们的兴趣和好奇心;鼓励自主学习和问题解决,可以增强学生的内在动机;给予适当的赞扬和认可,可以增强学生的自信心,进而提高他们的学习动机。

研究表明,学习动机与教育效果之间的关系在实际教育中是普遍存在的。例如,一项针对学生学习动机和学术成绩的研究发现,那些拥有较高内在动机的学生在考试中表现更出色,且更有可能保持持续的学习兴趣。另一个案例是,通过教育者巧妙地设计课程内容,将抽象的知识与实际问题联系起来,学生的学习动机得到激发,进而在课程中获得更好的成绩。

(2)个性化学习与自主性。学习游戏和教育应用常常支持个性化学习,根据学生的兴趣、学习风格和水平,提供定制化的内容和挑战。这种个性化的学习方式能够更好地满足学生的需求,促进他们的自主学习和自我管理能力的培养。例如,Duolingo 是一款语言学习应用,根据学生的学习进度和表现,调整课程难度,帮助学生更有效地掌握语言技能。

1)个性化学习的定义与价值。个性化学习是一种基于学习者的兴趣、能力、学习风格和需求,为每个学习者量身定制的教学方法。其价值在于更好地满足学生的学习需求,提高学习效果。例如,智能化的教育软件可以根据学生的学习历史和表现,推荐适合其水平的教材和练习,促进个体学生的学术成就。

2)自主性在个性化学习中的作用。自主性是指学生在学习过程中有意识地选择学习内容、方式和节奏,主动参与学习活动。个性化学习强调学生的主动性,培养他们的自主学习能力,有助于提高他们的自我管理和解决问题的能力。例如,学生可以根据自己的兴趣和时间安排,选择不同的学习资源和学习路径,实现更深入、更具针对性的学习。

3)个性化学习与自主性的互补关系。个性化学习与自主性相互促进,个性化学习提供了更多适应不同学生需求的教育资源和策略,为学生的自主选择提供了更多可能。反过来,自主性促使学生更加积极参与个性化学习,因为他们可以根据自己的兴趣和能力决定学习的方向和程度。例如,一位学生可能更倾向于通过在线课程来探索自己感兴趣的主题,同时在自己的节奏下完成任务和练习。

4)个性化学习与自主性的实际应用。现实中,许多教育机构和教育科技公司已经开始推行个性化学习,以培养学生的自主性。例如,Khan Academy 等在线教育平台提供根据学生水平智能调整的教学内容,鼓励学生自主选择学习路径。同时,一些学校让学生参与到课程设计中,学生可以根据自己的兴趣和问题来探索学习,提升他们的自主性。

(3)跨时空学习与资源共享。学习游戏和教育应用的在线特性使得学习可以跨越时空限制,学生可以在任何地方、任何时间进行学习。同时,这些应用也促进了资源的共享和交流,教师可以分享教案、教材、练习题等,从而拓展学习资源的范围和丰富度。例如,Coursera 等在线学习平台提供了大量的课程和资源,让学生能够选择自己感兴趣的领域进行深入学习。

1)知识传承与历史学习。跨时空学习允许人们从过去的经验和知识中汲取智慧。例如,研究历史文献、古代著作、传统文化等,有助于了解过去的文明和智慧,为现代社会提供启示。

2)跨代学习与亲子教育。跨时空学习也体现在不同代际之间的知识传递。家庭中的亲子教育,如祖辈传承的技能、价值观念,都属于这种形式。这样的学习有助于维系家族文化,促进代际交流。

3)教育平台与课程资源。资源共享在教育领域体现为教育平台提供开放式在线课程、教材、教学视频等资源。

(4)实践与沉浸式体验。许多学习游戏和教育应用强调实践和沉浸式体验,通过模拟真实场景,让学生在虚拟环境中进行实际操作和体验。这种实践性学习能够提升学生的实际应用能力和问题解决能力,培养他们在实际情境中的反应和判断能力。例如,Virtuali-Tee 是一款使用增强现实技术的应用,能够让学生通过手机或平板查看人体内部的器官结构,从而更深入地了解生物学知识。

1)理论知识与实际应用的融合。实践是将理论知识应用于实际情境的过程,能够帮助学习者更好地理解和掌握知识。通过实际操作,人们能够深入感受知识的实际应用,从而将抽象的概念转化为具体的行动。例如,在医学教育中,学生除了学习解剖学、病理学等理论知识,还需要进行临床实习,亲身体验医疗环境和患者接触,从而更好地理解医学知识的实际运用。

2)情感与体验的融合。沉浸式体验通过创造情境,让学习者身临其境,融入特定环境中,从而增强学习的情感体验。这种方法有助于激发情感,加深对知识的记忆和理解。例如,在历史教育中,使用沉浸式体验技术,学生可以仿真参与历史事件,亲身感受当时的情境和情感,更加深刻地理解历史事件的背景和影响。

3)跨学科学习与综合能力培养。实践和沉浸式体验能够促进跨学科学习,帮助学习者将不同领域的知识融合运用。例如,在生态学领域,通过实地考察生态系统,学生不仅可以了解生物、地理等知识,还能理解它们之间的相互关系,培养综合分析和解决问题的能力。

4)创新思维与问题解决能力的培养。实践和沉浸式体验有助于培养创新思维和问题解决能力。通过亲身体验,学习者可以面对实际挑战,寻找创新的解决方法。例如,在工程教育中,学生通过参与实际工程项目,面对工程设计和技术难题,培养了解决复杂问题的能力。

三、数据库和数字化资源

建立教育数据库和数字化资源库是教育信息资源开发的重要组成部分。这些资源可以包括学术论文、研究报告、教学视频、教师培训材料等。在开发过程中,需要注意以下方面:①收集和整理教育领域的优质资源,确保资源的可靠性和科学性;②制定统一的分类和标准,便于用户查找和利用资源;③利用技术手段,提供方便的检索和访问方式,提高资源利用的效率。

1. 教学内容的组织和存储

学习资源的数据库提供了一个集中管理和组织教学内容的平台。教师可以将课程材料、教学设计、练习题、案例研究等信息存储在数据库中,便于查找和更新。这样的组织方式有助于提高教学效率,使得教师能够更好地规划和设计教学内容。

(1)内容分类与结构化。教学内容可以按照学科、年级、主题等进行分类和结构化。这样做有助于教师和学生快速定位所需内容,并建立清晰的学习路径。例如,可以将内容划分为不同的单元、主题和课程模块,并为每个单元或主题提供明确的目标和学习资源。

(2)标准化和元数据。在教学内容的组织和存储过程中,标准化和元数据的应用非常重要。标准化可以确保不同教材和学习资源的一致性,便于教师和学生进行对比和选择。元数据包括对教学内容的描述、关键词、学科领域、适用年级等信息,可以帮助教师和学生更准确地搜索和定位所需内容。

(3)多媒体资源的整合。现代教育中使用了丰富的多媒体资源,如图像、音频、视频等。在教学内容的组织和存储中,需要将这些多媒体资源整合到统一的平台或系统中,以方便教师和学生的访问和使用。同时,对于大型多媒体文件,需要进行合理的存储和管理,以确保资源的可靠性和高效性。

(4)版权保护和安全性。在教学内容的组织和存储中,需要重视版权保护和内容安全性。合法的教学资源应获得相关版权许可,并遵循知识产权法律法规。此外,采取适当的技术措施保护教学内容的安全,防止非法复制、篡改或泄露。

在教育信息资源的开发中,教学内容的组织和存储应注重内容分类和结构化、标准化和元数据的应用、多媒体资源的整合、个性化学习和自适应技术的实施,以及版权保护和安全性的考虑。这些方面的综合应用可以提高教学内容的有效性和可访问性,促进学生的学习成果和个性化发展。

2. 学习资源的共享和获取

数字化资源的开发使得学习资源能够以电子形式存储和共享。教师可以将自己制作的教学资料上传到数据库中,供其他教师和学生使用。同时,学生也可以通过数据库访问和获取学习资源,获得更广泛的学习材料和资讯。这种共享和获取方式拓宽了学习资源的来源和范围,促进了教学资源的交流与共享。

(1)电子学习平台。电子学习平台是学习资源共享和获取的主要渠道之一。这些平台提供了教师上传和发布教学资源的功能,包括课件、教材、作业、实验指导等。学生可以通过登录平台获取这些资源,并进行学习和实践。

(2)开放教育资源。开放教育资源(Open Educational Resources,OER)是指以开放许可授权的形式提供的教育资源,可以免费使用、修改和重新分发。通过开放教育资源的共享,教师可以分享他们自己创作的教材和课程内容,学生也可以从全球范围内获取到各种优质的学习资源。

(3)在线课程和学习平台。在线课程平台(如 Coursera、edX、Udemy 等)提供了丰富的在线学习资源,包括大量的课程视频、讲义、练习、测验等。学生可以根据自己的兴趣和需求,在这些平台上选择合适的课程进行学习,并通过在线交流和互动获取支持和反馈。

(4)数字图书馆和学术数据库。数字图书馆和学术数据库收藏了大量的学术期刊、图书、论文等学术资源。学生可以通过订阅或使用学校提供的访问权限,在这些数据库中检索和获取与自己学习课题相关的文献和资料。

（5）学术社交网络。学术社交网络（如 ResearchGate、Academia. edu）是学者之间共享研究成果和学术资源的平台。学生可以通过关注领域内的专家和学者，获取他们发布的学术论文、报告和研究资料，从中获取专业知识和研究方向的指引。

（6）社区和合作学习。学生可以通过参与学习社区和合作学习项目，与其他学生共享和获取学习资源。这些社区和项目提供了学生之间交流和协作的机会，学生可以共同解决问题、分享资源和经验，相互促进学习和成长。

通过学习资源的共享和获取，学生可以获得更多样化、全面和实时的学习内容。同时，教师也可以从其他教师和机构的经验和创新中受益，提高教学质量和效果。学习资源的共享和获取促进了教育领域的协作和合作，推动了教育的发展和创新。

3. 个性化学习和自主学习支持

学习资源的数据库和数字化形式使得教育信息资源可以更加灵活地定制和个性化。教师可以根据学生的学习需求和兴趣，选择和调整相应的学习资源，满足学生的个性化学习需求。此外，学生也可以通过数据库中的学习资源进行自主学习，根据自己的学习进度和兴趣进行选择和探索。这种个性化学习和自主学习支持有助于激发学生的学习动力和创造力。

（1）教学设计。个性化学习和自主学习支持的关键是灵活的教学设计。教育信息资源应该提供多样化的学习路径和内容，以满足不同学生的学习需求和兴趣。通过个性化学习，学生可以根据自己的学习风格和节奏进行学习，选择适合自己的学习资源和活动。教育信息资源还应该提供适应性评估，根据学生的学习表现和需求，为其提供个性化的学习建议和支持。

（2）学习资源。教育信息资源的开发应注重提供多样性和可定制性的学习资源。这些资源可以包括在线课程、电子教材、多媒体资料、模拟实验等，以满足学生的个性化学习需求。学习资源应该以多种形式呈现，包括文字、图像、音频、视频等，以满足不同学生的学习风格和偏好。同时，学习资源还应该具备可交互性和自主学习功能，使学生能够根据自己的学习目标和进度进行自主探索和学习。

（3）评估与反馈。个性化学习和自主学习支持需要有效的评估和及时的反馈机制。教育信息资源应提供多样化的评估方式，包括自动化的测验、作业评估、项目评估等，以评估学生的学习成果和能力发展。通过分析学生的学习数据,教师可以了解学生的学习进展和困难,为其提供个性化的反馈和支持。同时,学习资源本身也应该提供即时的反馈机制,帮助学生及时发现和纠正错误,提高学习效率。

(4)学习环境。教育信息资源的开发应考虑创造积极的学习环境,激发学生的自主学习动机和兴趣。学习环境应提供丰富的互动和合作机会,包括在线讨论、协作项目、远程协作等,以促进学生之间的交流和合作学习。此外,学习环境还应提供个性化学习支持工具,如学习管理系统、学习日志、个人学习计划等,帮助学生制定学习目标、规划学习过程,并追踪自己的学习进展。

4.多媒体和互动学习体验

数字化资源的开发使得学习资源可以以多媒体形式呈现,如文字、图像、音频、视频等。这样的多媒体形式可以更生动地展示教学内容,提供更丰富的学习体验。此外,数字化资源还可以通过互动方式与学生进行交互,例如在线练习、模拟实验、虚拟实境等,提供更具参与性和互动性的学习体验。

(1)多媒体的丰富性。多媒体技术融合了文字、图像、音频、视频等元素,能够以更生动、形象的方式呈现学习内容。通过多媒体,教育资源可以更具视觉吸引力,激发学生的兴趣和好奇心,提高学习的参与度和效果。例如,图文并茂的课件、动画演示、视频讲解等都能够使抽象的概念变得更加具体和易于理解。

(2)互动学习的参与性。互动学习通过让学生积极参与学习过程,主动探索和构建知识,提高了学习的效果。多媒体和互动技术结合,可以提供丰富的学习活动和工具,如模拟实验、虚拟实践、游戏化学习等。学生可以通过互动的方式与学习资源进行实时的交互和探索,从而更好地理解和应用所学知识。

(3)个性化学习的定制性。多媒体和互动学习体验为个性化学习提供了支持。通过技术工具和平台,教育者可以根据学生的兴趣、能力和学习风格,定制个性化的学习资源和学习路径。学生可以根据自己的需求和进度进行学习,选择适合自己的学习资源和活动,提高学习的效果和满意度。

(4)合作学习的协作性。多媒体和互动学习体验有助于促进合作学习和协作交流。学生可以通过在线平台和工具进行协作学习,分享资源、讨论问题、共同解决难题。互动学习环境提供了学生之间交流和合作的渠道,促进了学习社群的形成,培养了学生的团队合作和沟通能力。

5. 数据分析和个性化反馈

学习资源的数据库记录了学生的学习行为和学习数据。通过对这些数据进行分析,教师可以了解学生的学习情况和进展,并提供个性化的学习反馈和支持。例如,教师可以根据学生的学习表现推荐适合的学习资源,或者根据学生的错题和难点提供针对性的辅导和解答。这样的个性化反馈有助于优化学习过程,提高学生的学习效果。

(1)学习数据的收集和分析。教育信息系统可以收集学生在学习过程中产生的大量数据,包括考试成绩、作业完成情况、在线学习活动等。这些数据可以进行统计和分析,揭示学生的学习模式、学习进度和学习偏好。通过对这些数据的分析,教师和教育决策者可以更好地了解学生的学习情况,发现学生的优势和弱点,并作出相应的教学调整。

(2)个性化学习支持。通过对学习数据的分析,教育信息系统可以提供个性化的学习支持。系统可以根据学生的学习需求和学习风格,推荐适合的学习资源、教学活动和学习路径。这样的个性化支持可以帮助学生更好地理解和掌握知识,提高学习效果。

(3)实时反馈和评估。教育信息系统可以提供实时的学习反馈和评估。通过对学生的学习数据进行分析,系统可以给予学生及时的反馈,指导学生进行必要的调整和改进。此外,系统还可以自动生成学习报告和成绩单,向学生和家长提供详细的学习进展和评估结果,促使他们更好地了解学生的学习状况。

数据分析和个性化反馈在教育信息资源的开发中发挥着重要的作用。通过对学习数据的分析和个性化的学习支持,可以帮助学生更好地学习,提高学习效果。同时,这些技术也为教师的教学决策和教育政策制定提供了科学依据,推动教育的不断改进和发展。

四、联网和共享

教育信息资源开发中的联网和共享在教育领域具有重要作用,可以促进教育资源的高效利用,推动教育的创新和发展。

1.教育资源的全面联网

教育信息资源的全面联网意味着将各种教育资源通过互联网进行有机连接,实现资源的高效共享和传播。例如,教学课件、学习资料、在线教育平台等可以通过互联网随时随地获取,师生能够更便捷地分享、传递和获取信息,提高教学效率。教育资源的全面联网在教育领域具有广泛的价值,可以改善学习体验、提高教育质量、推动国际合作等。然而,也需要注意隐私保护、信息安全等问题,确保联网的实施在科学和合法的基础上推进。

(1)教育内容与课程的数字化和在线化。资源的全面联网使得教材、课件、讲义等教育内容数字化,并能通过在线平台传播。这不仅提供了便捷的学习渠道,还能满足个性化学习需求。

(2)师生互动与在线学习环境。联网使得师生之间的互动变得更加便捷。教师可以通过在线平台发布作业、答疑,学生也可以随时与老师交流。同时,在线学习环境可以促进远程教育,使得学生不受地理限制,获得全球范围内的优质教育资源。例如,Zoom、Microsoft Teams 等在线会议工具让远程教学变得更加可行和互动。

(3)教育数据分析与个性化教学。联网可以收集大量学生学习数据,通过数据分析和人工智能技术,可以更好地了解学生的学习情况和需求,从而实现个性化教学。例如,一些在线学习平台利用学生的学习数据为其推荐适合的课程和学习路径,提高学习效果。

(4)教育资源共享与国际合作。联网打破了地理界限,促进了全球教育资源的共享和国际合作。学校、教育机构可以跨国合作开展课程、研究项目等,共同提升教育质量。例如,国际在线合作项目可以让学生与来自不同国家的同龄人一同学习和交流,促进文化交流和跨文化理解。

(5)教育管理与信息化支持。联网还可以加强教育管理,提升办学效率。学校、教育部门可以利用信息化技术进行招生、选课、考试等各项管理工作,提高教育资源的配置效率。

2.跨地域教育资源的共享

跨地域教育资源的共享在知识传递、学科交叉、资源优势互补、公平教育、国际合作以及数字技术发展等方面都具有重要价值。这种共享有助于提高教育的质量和效率,促进全球教育的发展与合作。同时,联网和共享使得跨地域教育资源能够得以充分利用。不同地区的教育机构和教师可以共享各自的教育经验、教材、课程设计等,促进教育水平的均衡发展。例如,一位优秀教师制作的教学资源可以在全国范围内分享,让更多学生受益。

(1)知识传递与学科交叉。共享教育资源能够促进知识的传递和学科的交叉,从而丰富学生的知识背景和视野。举例来说,各地高校可以通过在线课程平台分享优质教材和课程,使得学生可以获得来自不同学校、不同地区的多元化教育资源,拓展自己的学术广度。

(2)优势互补与特色发展。不同地区具有不同的教育资源和特色,共享可以促使资源互补,从而提高整体教育水平。例如,一所地理位置优越但在某一学科领域相对薄弱的学校可以通过与其他学校合作,共享他们的学科资源,提升该领域的教育水平。

(3)资源利用效率与教育公平。共享教育资源可以提高资源的利用效率,避免重复建设和浪费。此外,这也有助于减小不同地区教育资源分配不均的问题,从而促进教育的公平性。例如,贫困地区的学生可以通过共享获得优质的教育资源,缩小教育差距。

3.教育研究成果的传播

联网和共享为教育研究成果的传播提供了平台。教育领域的研究者可以通过学术刊物、学术会议、网络平台、教育实践、大众媒体等多种途径,将他们的研究成果分享给同行,并从中获得反馈和合作机会,推动教育领域的进步,推动教育领域的持续进步和发展。

(1)学术刊物和出版物传播。学术期刊、图书、研究报告等是教育研究成果传播的主要途径。通过在权威期刊上发表研究成果,学者们可以与同行交流,分享新的理论、方法和实践经验。例如,教育学领域的期刊《教育研究》《教育研究评论》等,不仅提供了学术成果的传播平台,还有助于促进学科的进步。

(2)学术会议和研讨会传播。学术会议和研讨会为学者们提供了面对面交流的机会。通过演讲、讨论和互动,研究成果可以得到同行的评价和反馈,促进研究的深化和改进。例如,国际教育研究协会(AERA)的年会、教育科学学会(CIES)的国际会议等,是全球教育研究者分享成果的重要场合。

(3)网络平台和社交媒体传播。随着信息技术的发展,网络平台和社交媒体成为教育研究成果传播的重要渠道。学者们可以通过博客、社交媒体账号等方式,将研究成果呈现给更广泛的受众。

第三节 教育信息资源的获取和利用

教育信息资源的获取和利用是现代教育发展中至关重要的一环。随着数字技术的飞速发展,教育信息资源涵盖了文本、图像、音频、视频、学科资源等多种形式,为教学、学习、研究提供了丰富多样的内容和工具。

一、文本资源的获取和利用

教育信息资源中的文本资源获取和利用可以通过图书馆、学术数据库、开放获取资源、社交媒体、在线论坛、数字化学习平台等多种途径进行。这些途径不仅丰富了教育资源的获取渠道,也促进了知识传播与共享,有助于提升教育质量和水平。例如,一名中学教师正在备课,希望找到最新的关于环境污染的研究成果。通过使用学术搜索引擎 PubMed,她找到了一篇最新发表的环境科学期刊文章,其中包含了一些与她的教学内容相关的数据和图表。

1. 图书馆和学术数据库的利用

图书馆和学术数据库是获取文本资源的重要途径。学生和研究者可以通过访问图书馆、在线图书馆目录以及学术数据库如 PubMed、IEEE Xplore等,获取与教育主题相关的书籍、论文、期刊等文本资源,从而深入研究和学习。例如,在研究教育心理学时,学者可以通过访问 PsycINFO 数据库,获取关于学习动机、教学方法等方面的研究论文,为他们的研究提供理论支持和实证依据。

2. 开放获取资源的利用

开放获取资源,如开放获取期刊、在线教育资源库等,为广大学生和教育从业者提供了免费获取文本资源的机会。这些资源可以在互联网上免费获取,促进了教育信息的传播与共享。例如,MIT 开放课程(MIT OpenCourseWare)提供了大量的课程文本资源,学生可以访问并学习各种学科的课程材料,促进了全球范围内的教育资源共享。

3. 社交媒体和在线论坛的利用

社交媒体和在线论坛提供了一个平台,让教育从业者和学生可以分享、讨论和获取文本资源。教育专业的社交媒体群组、教育论坛等可以成为获取实际教学经验和案例的途径。例如,在教育领域,教育专业的微信公众号或教育讨论区经常分享教学方法、案例分析等,学习者可以从中获取到实际应用的经验。

二、图像资源的获取和利用

获取和利用教育信息资源中的图像资源是教育工作者提升教学质量的重要手段之一。通过合适的获取途径,使用专业的图像编辑工具,以及巧妙地在教学中运用图像,可以创造更生动、清晰、有趣的教育体验。

(一)获取图像资源

教育工作者可以通过多种途径获取图像资源,包括:

(1)图像库和数据库。互联网上有许多免费或付费的图像库,如Unsplash、Pixabay、Getty Images 等,提供各类高质量图像供教育使用。

(2)学术出版物。学术书籍、期刊、报纸等都可能包含有用的图像资源,适合教育领域的研究和教学。

(3)公共机构和组织。政府机构、研究机构等发布的报告、数据图表也可以作为图像资源的来源。

(4)自制图像。教育工作者可以通过自己的摄影或绘图技能创造出符合教学需要的图像。

(二)Photoshop 软件介绍及基本操作应用步骤

1. Photoshop 软件介绍

Adobe 公司开发的图形图像软件 Photoshop,因其多功能性和强大的工具集,在广泛的领域中脱颖而出。作为平面设计、照片处理、广告摄影、创意特效、网页制作以及界面设计等方面的一把利器,它的应用范围广泛而多样。无论是为了创造引人注目的设计作品,优化照片细节,还是在数字艺术领域探索创新,Photoshop 都提供了丰富且直观的工具,使得用户能够以创意的方式表达自己,并将想法转化为精美的视觉作品。其简单易用的界面,使得初学者和专业设计师都能够轻松上手,发挥出他们的创意潜力。因此,Photoshop 不仅仅是一款软件,更是一个激发创意、塑造视觉美感的创作平台。

2. 用 Photoshop 制作课件主界面实例

通过"Photoshop 图像处理技术"的课程示范案例,详细展示了如何巧妙运用图像处理工具,将多个原始图像素材经过精心调整和巧妙拼接,最终合成为一幅精美的课件主界面图像(图 3-1、图 3-2)。这个实例不仅着重于技术的应用,更强调了创意和设计的重要性。通过逐步的演示和解释,学习者能够深入了解如何优化每个图像元素的色彩、对比度、大小和位置,以及如何巧妙地融合它们,使最终的合成图像在视觉上呈现出统一、清晰且吸引人的效果。这一案例不仅仅是关于软件工具的简单使用,更是关于创造力和审美意识的培养,为学习者提供了丰富的图像处理经验和设计思维的培训机会。

风景　　　　　　　鼠标　　　　　　　校园风光

图 3-1　原始图像素材

图 3-2　图片合成

在这个案例中,采用的素材涵盖了多个方面,其中包括一幅富有自然山水意境的图片、一张展现校园美景的照片,以及一个引人注目的小鼠标元素。这些素材的选择不仅丰富了内容的层次感,也为视觉呈现带来了多样性。山水图片带来了宁静与宽广,与此同时,校园风光图片则通过其活力和青春气息增添了一份活泼的氛围。而那个俏皮的小鼠标素材更是为整个作品注入了一丝俏皮与趣味。通过这些精心挑选的素材,整体呈现既融洽又生动,为观众呈现出一个多维度的视觉体验。

(1)制作基本思路。首先需要为主界面选择一张合适的背景图。在挑选原始山水素材图片时,往往会注意到其颜色较为深沉。其次,为了将其作为背景图使用,可以考虑对这张素材图片进行一些调整,以达到更好的视觉效果。其中的一个调整方法是将素材图片的明度进行适度提高,从而使整体颜色呈现出更为清淡的效果。最后通过这样的处理,可以让原始素材中的山水元素在主界面背景中更加突显,同时也有助于减轻过于深沉的色彩对用户体验的影响。这样,我们就能够更好地融合素材图片与界面设计,创造出更具吸引力和和谐感的视觉效果。

校园风光图片作为主界面的关键元素之一,以其独特的存在感成为引人注目的焦点。通过巧妙运用羽化效果,校园风光与背景图得以融合,创造出一幅和谐且令人心旷神怡的画面。最初的校园风光图片呈现出以蓝色为主导的色调,因此在整个处理过程中,精心挑选了蓝色系列的色彩来保持一贯的视觉风格。这种谨慎的色彩选择不仅为界面赋予了视觉上的统一感,也为用户营造出舒适、自然的体验,使他们在界面中沉浸感十足。

在设计界面标题文字时,一种常见的方法是为文字添加阴影效果,从而赋予文字更加生动和立体的特点。通过巧妙地调整阴影的位置、颜色和透明度,可以使文字在视觉上脱离背景,呈现出独特的浮现效果。这样的设计不仅能够增强文字的可读性,还能够在用户与界面进行互动时,为整体界面带来更加丰富的视觉层次,提升用户的使用体验。然而,在应用阴影效果时需要注意把握好度,避免过于夸张,以免影响整体界面的平衡和一致性。因此,在进行文字阴影效果的设计时,需要综合考虑文字的大小、字体、背景色等因素,以达到既引人注目又不失和谐的效果。

在设计主界面的按钮区域时,可以采取一种简单而有效的方式来实现。首先,可以选择绘制矩形形状作为按钮的基本外观,并在其上方添加相应的文字,以便用户能够直观地理解按钮的功能。为了增加按钮的美观度,不妨在按钮的左侧绘制一条细线,这样不仅可以为整体界面增加一份精致感,还能够有效地提升按钮的可视性。通过这种简单的设计手法,可以在保持界面清晰简洁的同时,为用户提供更好的交互体验,使操作变得更加直观和友好。

右下角的鼠标所呈现的不规则曲线赋予了圆点按钮以生动的特质,使其呈现出一种活泼的感觉,与呆板的设计风格截然不同,为整体界面增添了一抹活力。这种设计的巧妙之处在于,曲线的起伏变化为按钮赋予了一种柔和的动态,仿佛在提示用户与界面元素之间的互动是充满趣味的。与传统的规整设计相比,这种不规则的曲线形成一种独特的视觉吸引力,使得用户在使用过程中不仅仅是单纯的操作,更多的是一种身临其境的体验,为用户界面注入了一份别样的活泼与趣味。

(2)制作步骤

第1步:背景图片处理。

①单击菜单"文件"/"打开",打开风景图片。

②将颜色较深的原始素材调整得淡一点。单击菜单"图像"/"调整"/"色相/饱和度",打开"色相/饱和度"对话框,拖动明度滑块,设置明度值为"+60"。

③保存文件,命名为"cover. psd"。

第2步:将校园风光图片和背景进行和谐拼接。

①单击菜单"文件"/"打开",打开校园风光图片。

②调整校园风光图片尺寸。单击菜单"图像"/"图像大小",在宽度输入框里分别输入400(注意单位为像素),单击确定。

③单击工具箱的矩形选框工具,选择椭圆工具。在选项栏中设置"羽化"属性值为15px,在校园风光图片上进行框选。

④单击菜单"编辑"/"拷贝"。

⑤打开处理好的背景图片"cover. psd"文件。

⑥单击菜单"编辑"/"粘贴",此时在图层面板中将会自动建立一个图层,图层的图像内容为校园风光。

⑦在图层面板上选择内容为校园风光的图层,单击工具箱的移动工具，将校园风光的图像移动到合适的位置。选中"显示变换控件",可以进行缩放操作。

第 3 步：主界面标题文字制作。

①单击工具箱的文字工具 **T.**，在图像上方合适位置单击，输入文字"Photoshop 图像处理技术"，设置字体大小为 30 点，颜色设置为黑色。颜色的 R、G、B 值分别为 5、160、230。

②为标题文字添加阴影效果。在图层面板上选择文字图层，单击菜单"图层"/"图层样式"/"混合选项"，勾选"投影"前的复选框，或直接点击右键选择"混合选项"。点击工具栏"切换字符和段落面板"，调整字符间距 50~100。

第 4 步：制作图像按钮。

①使用矩形工具绘制按钮。单击工具箱的"设置前景色"按钮 **,**，在拾色器对话框里设置 R、G、B 颜色值分别为 184、216、229，或直接用吸管选取相近颜色。

②单击工具箱的矩形工具 **,**，按住鼠标不放，打开矩形工具列表，选择圆角矩形或椭圆工具 **,**，在图片上绘制一个小圆角矩形，在图层面板上自动建立一个形状图层。点击右键选择"混合选项"，设置效果。

要复制形状图层并创建其副本，首先需选中目标图层，接着通过点击鼠标右键，在弹出的选项中选择"复制图层"功能，从而轻松获得原图层的一个精确拷贝。随后，通过巧妙运用键盘上的向下方向键，你可以将这个复制的小圆角矩形沿着垂直方向进行平移，从而达到向下移动的效果，移动的距离取决于你的需要。采用同样的步骤，你可以重复进行图层复制操作，最终获得总共四个独立的圆角矩形副本，为你的设计工作提供更多可能性。这一简便方法不仅能够节省时间，还能确保复制品与原始图层完全一致，极大地提高了工作的效率和准确性。

第 5 步：绘制分隔线。

点击选择圆角矩形工具，同样的方法绘制分割线，设置效果。

第 6 步：按钮文字制作。

单击工具箱的文字工具 **T.**，在最上方的按钮右边单击，输入文字"软件概述"，设置字体大小为 24 点，颜色设置为浅蓝色，在拾色器对话框里设置 R、G、B 颜色值分别为 184、216、229。同样的方法，在其他三个按钮右边分别输入"基本技术""高级处理""实例展示"，保存文件。

第 7 步：将鼠标图片和背景进行和谐拼接。

①单击菜单"文件"/"打开",打开鼠标图片。

②从全白背景中选取鼠标。单击工具箱的魔棒工具 ，在选项栏中设置魔棒工具的容差属性为32px,并确定没有勾选"连续"复选框。在鼠标图片的白色背景上单击,则选择了全部的白色区域。

③单击菜单"选择"/"反向",则选择的鼠标区域。单击菜单"编辑"/"拷贝"。

④打开之前处理好的主界面图片"cover. psd"文件,单击菜单"编辑"/"粘贴",此时在图层面板中将会自动建立一个图层,图层的图像内容为鼠标。

⑤在图层面板上选择内容为鼠标的图层,单击工具箱的移动工具 ，将鼠标的图像移动到右下角合适的位置。

(三)图像在教育中的利用

图像资源在教育中有广泛的应用:①课件制作。教育工作者可以将图像资源嵌入课件中,用于说明概念、展示案例,提升教学效果。②教科书和教材。图像可以丰富教材内容,帮助学生更好地理解复杂的知识点。③展示和演示。在讲座、研讨会等场合,使用图像可以更生动地呈现信息,吸引听众注意。④在线学习平台。图像在在线教学平台上也扮演重要角色,可以用于设计课程封面、配图等。

三、音频资源的获取和利用

教育信息资源中的音频资源对于教学和学习具有重要价值。例如,一位语言教师正在设计一堂生动的英语口语课,想要为学生提供一些有趣的背景音效。他在音效库中找到了一段欢快的背景音乐,以及一些日常生活中的英语口语对话音频片段,帮助学生更好地理解和运用英语口语。

(一)获取音频资源

(1)在线资源库。许多教育机构、图书馆以及网站提供丰富的教育音频资源,例如课程讲座、专题讨论等,学生和教师可以通过访问这些资源库来获取所需的音频内容。

(2)学术平台。学术数据库和在线学习平台(如 Coursera、edX 等)通常也提供丰富的音频资源,涵盖了多个学科领域的教育内容。

(3)播客和广播节目。很多教育机构、专家学者、科普人员会通过播客和广播节目传递知识和信息,这些节目往往包含有趣的教育内容。

(二)利用音频资源

(1)教学辅助。音频资源可以作为教学辅助材料,增强教学效果。教师可以在课堂中播放相关音频,以丰富学生的学习体验,例如在语言课堂中播放地道的发音示范。

(2)自主学习。学生可以利用音频资源进行自主学习。他们可以随时随地收听音频,提高听力理解和语言技能,如学习外语、文学作品等。

(3)多样化评估。音频资源可以用于不同形式的评估,如听力测试、演讲评估等,帮助教师更全面地了解学生的能力和进步。

(三)Adobe Audition 软件介绍及基本操作应用步骤

Adobe Audition 是一款专业的音频编辑和制作软件,适用于音频资源的录制、编辑、混音等处理。这里我们以 Adobe Audition 软件为例,介绍其基本操作应用步骤,该软件可用于音频资源的编辑和制作。

(1)录制音频。打开 Adobe Audition,选择录制新音频。连接麦克风,设置录音参数(如采样率、比特率等),点击录制按钮开始录音。

(2)导入音频。如果已有音频文件,可通过导入功能将其导入软件中。点击"文件",选择"导入",找到所需音频文件,导入到软件中。

(3)编辑音频。在 Audition 中可以剪辑、调整音频片段。选中要编辑的部分,点击剪切、复制、粘贴等操作来编辑音频内容。

(4)添加效果。Audition 提供多种音效和效果,如均衡器、降噪、混响等,可以选择适合的效果并将其应用到音频上,以改善音质。

(5)混音和合成。如有多个音频轨道,可以调整它们的音量、平衡等,实现混音。此外,Audition 支持多轨合成,让不同音频元素结合成一个完整的音频。

(6)保存和导出。编辑完成后,点击"文件",选择"保存"或"导出",选择保存格式和参数,将编辑后的音频保存到指定位置。

通过 Adobe Audition 软件的操作,可以更好地利用音频资源,实现对音频内容的编辑、制作和优化,从而更好地满足教学和学习的需求。

四、视频资源的获取和利用

教育信息资源中的视频资源在获取、利用和编辑方面都能够为教育提供有力的支持。通过有效地获取和利用视频资源，并运用合适的编辑工具，教育者可以创造出更具吸引力和教育效果的教学内容。例如，一名科学老师正在讲解有关宇宙的知识，他通过 TED-Ed 网站找到了一段精彩的科普视频，通过生动有趣的动画解释了宇宙的起源和演化，让学生们对这一复杂的科学概念产生浓厚的兴趣。

(一)获取视频资源

教育者可以从多个渠道获取教育相关的视频资源。这些渠道包括在线教育平台、视频分享网站(如 YouTube、Bilibili 等)、教育机构的官方网站以及一些知名大学的开放课程平台。例如，麻省理工学院(MIT)的开放课程平台提供了大量免费的视频课程资源。

(二)利用视频资源

教育者可以通过多种方式有效地利用视频资源。首先，可以将视频资源融入课堂教学，如播放生动有趣的实验视频来说明科学原理，或者展示历史事件的重要瞬间。其次，教育者可以为学生布置观看视频并撰写评论或小结的作业，激发学生的思考和讨论。此外，视频资源还可以用于翻转课堂模式，让学生在课前观看视频，课堂时间用于深入讨论和解答疑惑。

(三)视频编辑软件的使用

在获取和利用视频资源的过程中，有时需要进行一些编辑和定制，以适应教学的需要。"会声会影"是一种常用的视频编辑软件，例如，教师可以利用"会声会影"编辑软件将不同知识点的视频资源剪辑成一个完整的教学视频，添加合适的文字说明，帮助学生更好地理解和掌握知识。以下是基本操作步骤的介绍。

(1)导入素材。打开会声会影，点击导入按钮，选择需要编辑的视频素材并导入软件中。

(2)剪辑视频。在时间轴上拖动视频素材，将其分割成不同的片段，可以删除不需要的部分，调整顺序。

(3)添加效果。"会声会影"提供了丰富的效果，如过渡效果、字幕、特效等。可以根据需要在视频中添加这些效果。

（4）处理音频。可以导入音频素材，调整音频音量，甚至添加背景音乐。

（5）导出视频。编辑完成后，选择导出视频的格式和分辨率，点击导出按钮生成最终的视频文件。

五、学科资源的获取和利用

教育信息资源中的学科资源获取和利用对于教学的质量和效果具有重要影响，教师可以通过多种途径获取资源，并结合自身的教学需求进行整合、定制和创新，以提升教育教学的水平和效果。

1. 获取途径与渠道

学科资源可以通过各种途径和渠道获取，包括图书馆、在线数据库、学术期刊、教育网站等。例如，在教学过程中，教师可以通过访问学术数据库如 PubMed、ERIC 等，获取与教学内容相关的最新研究成果和教育案例。

2. 信息筛选与评估

获取学科资源后，需要进行信息筛选和评估，以确保所获取的资源质量高、可信赖。在教育领域，教师可以通过查阅学术期刊的影响因子、作者的学术背景等来评估资源的可靠性，确保其在教学中的有效应用。

3. 资源整合与定制

将不同来源的学科资源进行整合和定制，以满足特定教学需求。例如，教师可以从不同的教育网站收集教学案例、教材、课件等资源，然后根据课程特点进行整合，创造出符合自己教学风格和学生需求的教学材料。

4. 创新教学设计

学科资源的获取和利用有助于教师进行创新教学设计。通过参考相关领域的研究成果和实践案例，教师可以设计更具针对性和实效性的教学活动，提升学生的学习体验和知识水平。

5. 跨学科融合

学科资源的获取和利用可以促进跨学科的融合。在教育领域，不同学科之间常常存在交叉点，教师可以通过获取其他学科的资源，将不同领域的知识融入到自己的教学中，拓展学生的视野和思维方式。

　　例如，一名高中生物教师在教授遗传学内容时，可以获取相关学术期刊中的最新研究论文，以了解遗传学领域的前沿发展。然后，教师可以根据这些研究成果，设计课堂实验，让学生通过实际操作理解遗传规律。同时，教师还可以从心理学领域获取资源，探讨遗传因素对个体特质和行为的影响，实现生物与心理学的跨学科融合。

　　在利用教育信息资源时，我们需要注意对资源的正确使用。遵循知识产权法律，尊重作者的版权是必不可少的。同时，应该优先选择来源可靠、经过权威审查的信息资源，以保证获取和传递的内容是准确可信的。

　　总之，教育信息资源的获取和利用在现代教育中具有重要作用。通过文本、图像、音频、视频、学科资源等多种形式的资源，教师和学生可以拓展知识、加深理解、提高教学和学习效果。在使用这些资源时，我们要注意科学性、真实性，遵守知识产权法律，以确保教育信息资源的有效利用。

第四章 多媒体课件的设计与制作

多媒体课件的设计与制作涉及多个关键步骤。首先,需要明确教学目标和受众特点,确保课件内容与学生需求相匹配。其次,合理组织课件结构,将内容划分为清晰的模块,以便学生理解和吸收。在设计过程中,应采用多样化的媒体元素,如文字、图片、音频、视频等,以增强教学效果和吸引学生的注意力。再次,保持内容简洁明了,避免信息过载。最后,在制作过程中,应注意技术的可操作性,确保课件在不同平台和设备上的兼容性,以提供良好的用户体验。综合考虑教学目标、内容组织、多媒体元素的应用以及技术要求,可以创造出具有教育意义和吸引力的多媒体课件。

第一节 多媒体课件的设计原则

多媒体课件的设计应考虑内容结构的合理性、视觉呈现的吸引力以及交互体验的互动性,从而更有效地促进学习者的理解和参与。

一、内容结构

1.清晰的组织结构

多媒体课件的内容结构应当遵循层次结构清晰、模块化设计、逻辑顺序、信息标注与导航、重点突出、图文并茂、实例与案例分析、回顾与总结等原则,使学习者能够清楚地了解课程的组织和内容流程,以达到有效的教学效果。

(1)层次结构清晰。在设计多媒体课件时,内容应该按照逻辑层次进行组织,确保信息传递的连贯性和易于理解。例如,在教授科学原理时,可以从基础概念开始,逐步深入,最终展示高级应用。

(2)模块化设计。将内容划分为独立的模块,每个模块讲解一个特定的主题或概念。这有助于学生更好地理解和消化信息。例如,在历史课件中,可以将每个历史时期或事件作为一个模块,便于学生逐一掌握。

(3)逻辑顺序。确保内容的呈现顺序合乎逻辑,能够引导学生从简单到复杂、从基础到高级的学习路径。比如,在语言学习课件中,应该按照字母、词汇、语法的顺序逐步展示,避免学生感到困惑。

(4)信息标注与导航。使用明确的标题、子标题、导航按钮等方式,帮助学生快速了解内容结构和跳转到感兴趣的部分。例如,一份地理课件可以在每个章节前加上清晰的标题,让学生可以轻松找到感兴趣的地区。

(5)重点突出。在内容中突出重点信息,可以通过使用不同的字体、颜色、图标等方式引起学生的注意,帮助他们更好地理解关键概念。例如,在数学课件中,可以将重要的公式或定理以粗体字显示。

(6)图文并茂。使用图像、图表、视频等多媒体元素来支持文字内容,增加视觉直观性。例如,在生物学课件中,使用图片来展示细胞结构,让学生更容易理解。

(7)实例与案例分析。插入实际案例或具体实例,能够帮助学生将抽象概念与实际情境联系起来,更好地理解和应用知识。例如,在经济学课件中,可以引用真实的市场案例来解释供求关系。

(8)回顾与总结。在内容的末尾进行回顾和总结,强化学生对主要概念的理解。这有助于加强知识的记忆和应用。例如,在物理课件的每个章节结束时,总结本章的重点公式和概念。

2.分层次教学

多媒体课件的设计原则中,内容结构的分层次教学是一个关键要素,它将内容分为主要概念和细节,逐步引导学习者理解,避免信息过载。分层次教学有助于将知识点有条理地呈现给学生,提高学习效果。

(1)主题明确、整体架构清晰。多媒体课件的设计应该从整体上考虑课程的主题和目标,将内容划分为主要模块或章节,确保每个模块都有明确的教学目标和主题。例如,在历史课上,可以将课程分为不同的历史时期,每个时期作为一个模块,便于学生理解和记忆。

（2）逐层深入、步步为营。内容应该按照难易程度逐层深入，从基础知识逐渐引导到更复杂的概念。这样的分层次教学可以帮助学生建立坚实的知识基础，然后逐步扩展他们的认知范围。例如，在数学课件中，可以首先介绍基本的加减乘除操作，然后逐步引入更高级的代数和几何概念。

（3）清晰的标题和导航。每个分层次的内容应该有清晰的标题，以及方便的导航工具，帮助学生迅速找到所需的知识点。例如，在一份语言学习的课件中，每个语法规则可以有明确的标题，并在导航栏中提供快速跳转的链接。

（4）信息分类和标注。将相关的信息进行分类，使用清晰的标注和符号，有助于学生辨识不同层次的内容和概念。例如，在生物学课件中，可以使用不同颜色的标签来标注不同种类的生物分类，帮助学生理解它们之间的关系。

（5）交互式学习和练习。在每个分层次的内容结束时，可以设计一些交互式的问题或练习，帮助学生巩固所学知识。例如，在一份地理课件中，每个章节结束时可以设置一些地理题目，让学生运用所学知识进行实际操作。

通过以上设计原则，多媒体课件的内容结构分层次教学可以更好地满足学生的学习需求，帮助他们逐步深入理解和掌握复杂的知识体系。

二、视觉呈现

1. 风格一致

视觉呈现中的一致风格对多媒体课件设计至关重要。通过统一的色彩、字体、图像、标识、背景、布局和动画等方面的设计，可以创造出视觉上连贯、专业的课件，提高内容传达的效果和学习体验。

（1）色彩与配色方案一致性。在设计多媒体课件时，选择一致的色彩方案能够增强视觉统一性，帮助观众建立对内容的一致性印象。例如，在课件的标题、文本、图表等元素中都采用相同的主色调和辅助色，如蓝色和灰色的组合，能够营造专业、稳定的视觉效果。

（2）字体和排版的一致性。统一的字体和排版风格有助于保持课件的一致性和易读性。选择一至两种适合教育场景的字体，并在标题、正文、标注等地方保持一致使用，同时确保字号和行距的统一，如使用宋体作为正文字体，Arial 作为标题字体。

（3）图像风格的统一。图片、图表和图标等视觉元素的风格也需要保持一致，以确保整体课件的协调性。例如，如果选择扁平化设计风格，那么在所有图像元素中都应该遵循这个风格，避免混合不同风格的图像。

（4）标识和图形元素的统一。选择一组统一的标识、图标和其他图形元素，用于表示特定的概念、主题或操作。这些元素的风格应该相似，避免因为风格差异而产生混淆。例如，如果使用箭头来表示"下一步"，则所有箭头应保持相同的方向和风格。

（5）背景与布局的一致性。在背景图像、色彩或纹理的选择上，也应保持一致。此外，课件的布局应该在各个页面之间保持一致，如标题位置、导航栏的位置等。这样可以帮助观众更快地适应课件结构。

（6）动画和过渡效果的一致性。如果在课件中使用了动画和过渡效果，也需要保持一致的使用风格。避免过多的动画效果，确保它们在整个课件中的应用都具有相似的速度和效果。

2. 简洁明了

简洁明了主要包括信息层次清晰、精简文字和图像、一致的视觉风格、重点突出以及避免干扰元素等。通过合理运用这些原则，设计者可以创造出更有吸引力和效果的多媒体教学工具，避免信息过多，每页内容应该简洁明了，以便学习者更容易理解。

（1）信息层次清晰。在设计多媒体课件时，应确保信息呈现的层次清晰。采用分块、标号、标题等方式，将内容划分为主题、子主题和细节，使学习者能够迅速理解信息的组织结构。例如，在一份历史课件中，可以使用标题和子标题将不同历史时期或事件进行分隔，帮助学习者更好地把握历史发展的脉络。

（2）精简文字和图像。多媒体课件应避免过多的文字和图像，以免让学习者在信息过载中失去焦点。使用简洁明了的文字，凝练表达核心概念，搭配精选图像，有助于加深学习印象。举例来说，在科学课件中，可以用少量文字解释基本概念，辅以清晰的示意图来说明科学原理。

（3）一致的视觉风格。设计中应保持一致的视觉风格，包括颜色、字体、图标等。这有助于建立统一的品牌形象，让学习者更容易识别和理解内容。例如，使用相同的颜色主题和字体风格，在不同页面或部分保持一致性，提高可视化的认知。

（4）重点突出。设计中要有意识地突出重要信息，以引导学习者关注关键点。可以使用颜色、加粗、高亮等方式将重点内容与其他内容区分开来。在语言课件中，可以使用不同颜色的文字来标记重要词汇，帮助学习者更好地理解和记忆。

（5）避免干扰元素。多媒体课件设计中应尽量避免干扰学习者注意力的元素。过多的动画效果、滚动文字等可能会分散学习者的注意力，影响信息吸收。例如，在教育课件中，应避免过多的视觉效果，以确保学习者专注于内容本身。

3. 合适的多媒体元素

多媒体课件的设计应当考虑一致性、清晰性、组织性、互动性、引导性、情感性等多个方面，以便有效地传达教育内容并提升学习者的参与感和理解度。同时，使用图片、图表、视频等多媒体元素来丰富内容，但要确保它们与教学目标相关且有助于理解。

（1）一致性与统一性。在多媒体课件设计中，保持一致性和统一性可以提高学习者的认知效果。选择一套统一的颜色、字体、图标等元素，确保整个课件呈现出一种协调的外观。例如，在一个教育课件中，统一使用相同的配色方案，字体风格和图标样式，使得学习者可以更容易地理解和记忆课程内容。

（2）简洁性与清晰性。多媒体元素应当简洁明了，避免过多的文字和复杂的图像。关键信息应当醒目突出，避免混淆。举例来说，一个科学概念的解释可以使用一个简洁的动画来说明，而不是长篇的文字解释。

（3）信息层次与组织。将课件内容分成逻辑层次，通过使用标题、子标题、编号等方式组织信息，帮助学习者更好地理解和掌握知识。例如，一个历史课件可以按照时间顺序将事件进行编排，通过分层次的标题呈现。

（4）多样性的多媒体元素。使用多样的多媒体元素可以提升学习的趣味性和吸引力。这包括图片、图表、动画、视频等。例如，在地理课件中，通过插入地图、图片和视频，能够更生动地展示不同地域的特点和文化。

（5）互动性与参与感。引入互动元素可以激发学习者的兴趣和积极性。设计问题、测验、交互式模拟等，让学习者能够积极参与到课程中来。举例而言，一个语言学习课件可以设计填空题，让学习者在课程中积极参与语法练习。

(6)引导与突出重点。在多媒体课件中,适当地使用箭头、标记、动画等手段,引导学习者注意重要的信息或流程。例如,在化学实验课件中,可以使用动画效果来突出反应的步骤和关键点。

(7)增加情感共鸣。适当的情感元素可以增加学习者的情感共鸣,提升记忆效果。通过使用合适的图片、音乐或视频,可以唤起学习者对于主题的情感共鸣。比如,在文学课件中,通过演示角色的情感转折点,能够更好地引发学习者对故事情节的情感共鸣。

三、交互体验

1. 互动性设计

互动性设计应以用户为导向,明确学习目标,提供多元互动方式,及时反馈,鼓励自主探索,融合情境,以营造丰富、有效、有趣的学习体验,从而促进学习者的主动参与和深入理解。同时,加入互动元素,如问题、测验、模拟等,鼓励学习者积极参与并检验自己的理解。

(1)用户导向。设计师应当以学习者为中心,从学习者的需求、兴趣和认知特点出发,打造符合其学习习惯的互动体验。例如,在一个教育类多媒体课件中,可以根据学生的不同掌握程度设置不同难度的题目,以满足不同层次学生的学习需求。

(2)目标明确。设计中应明确课件的教学目标,通过交互设计引导学习者达成目标。例如,在语言学习课程中,设计师可以设置在线语音测验,帮助学生提高口语能力,同时通过实时反馈激发学生的学习兴趣。

(3)多元互动。多媒体课件应提供多样化的互动方式,以满足不同学习者的需求。包括选择题、拖拽题、情景模拟等不同类型的交互,使学习过程更具趣味性和参与感。例如,在一个历史课件中,设计师可以设置互动的时间线,让学生通过拖动事件来进行历史事件的排序。

(4)即时反馈。设计师应为学习者提供及时的反馈,以便他们了解自己的学习进度和问题所在。例如,在数学课程中,如果学生在答题时出错,课件可以立即显示正确答案,并提供错题解析,帮助学生理解错误的原因。

(5)自主探索。互动性设计应该鼓励学习者进行自主探索和发现,激发他们的学习兴趣和创造力。例如,在一个科学实验的多媒体课件中,可以提供虚拟实验场景,让学生根据自己的兴趣和想法进行实验设计和操作。

(6)情境融合。设计师可以通过模拟真实情境,让学习者在虚拟环境中进行互动体验,从而提高学习的可应用性。例如,在一个商业案例分析的课件中,可以设置角色扮演的情境,让学生在模拟的商业环境中进行决策和解决问题。

2.导航友好

导航友好是多媒体课件设计的重要原则之一。通过清晰的结构、一致的界面设计、明确的标识和标签、直观的交互元素、提供反馈和指引,以及可调整的导航选项,可以优化学习者的体验,提升课件的教学效果。

(1)清晰的结构和导航路径。设计时应确保课件内容有明确的结构,主题和子主题的层次分明。导航路径应该清晰可见,帮助学习者快速了解课程的组织,避免迷失在信息中。例如,在一个多模块的医学教育课件中,课程结构可以按照病症分类,每个模块都有明确的导航按钮。

(2)一致的界面设计。统一的界面设计可以提高用户的熟悉感和舒适感。按钮、字体、颜色等设计要保持一致,不同页面间的布局和外观应该协调。例如,多媒体法律教育课件可以采取统一的颜色主题,确保不同单元的按钮和导航条外观一致。

(3)明确的标识和标签。使用明确的标识和标签,帮助用户迅速识别和理解每个元素的功能。按钮和链接的文字应该清晰表达其作用,避免使用晦涩难懂的词汇。举例来说,在医学课件中,一个"术语解释"按钮可以帮助学习者了解专业术语的含义。

(4)直观的交互元素。交互元素如按钮、链接等应该易于点击或触摸,并能迅速响应,避免造成用户的等待和疑惑。例如,在教育课件中,交互按钮应该具有足够的大小和间距,方便学习者在触摸屏上进行操作。

(5)提供反馈和指引。在交互中,及时的反馈对于用户理解和使用至关重要。例如,当用户点击一个按钮时,可以通过动画或弹出窗口来显示已选项,以确认用户的操作。此外,在课件中提供指引,如"点击此处继续"或"查看下一页",帮助用户了解下一步操作。

(6)可调整导航选项。考虑到不同用户的学习习惯和需求,设计导航选项时应提供多样性。例如,在医学教育课件中,可以提供一个自由浏览模式和一个按顺序阅读的模式,以适应不同学习偏好的用户。

3. 自适应性布局

自适应性布局在多媒体课件设计中至关重要。通过合理的布局设计和元素调整,可以保证在不同设备上获得良好的用户体验,并确保学习内容的传达和理解效果。考虑不同设备和屏幕尺寸,确保课件在各种情况下都能呈现良好。

(1)布局的灵活性与适应性。多媒体课件的布局应具备灵活性,以适应不同的屏幕尺寸和设备。自适应性布局可以确保在不同的设备上都能够获得良好的用户体验。例如,一个自适应的多媒体课件在 PC、平板和手机等设备上都能够呈现合适的布局和内容排列。

(2)媒体元素的适应性。多媒体课件通常包括文字、图片、视频等多种媒体元素。设计时需要考虑不同设备上这些元素的表现方式。例如,在小屏幕上,可以将大段文字拆分成更小的段落,同时确保图片和视频不会过于压缩,以保持信息的清晰度和可读性。

(3)交互元素的调整。多媒体课件通常包括交互元素,如按钮、链接等。自适应性布局需要确保这些元素在不同设备上都可以方便地点击或触摸。例如,如果在大屏幕上使用了大按钮,在小屏幕上可以将其调整为更小但仍然易于点击的大小。

(4)响应式设计的视觉吸引力。自适应性布局不仅关注功能,还需要考虑视觉吸引力。元素的排列、颜色、字体等应当在不同设备上保持一致,以保证课件整体的美观性。例如,颜色选取和字体大小的调整应符合不同设备上的视觉要求。

(5)用户体验的连贯性。自适应性布局要确保用户在不同设备上的体验连贯性,避免在切换设备时造成不必要的混乱。例如,在从平板切换到手机时,用户应该能够无缝地继续之前的学习进程,而不需要重新适应界面。

(6)数据加载和传输优化。不同设备的网络速度和稳定性可能有所不同。自适应性布局需要考虑数据加载和传输的优化,确保在网络较差的情况下也能够流畅地使用课件。例如,在多媒体课件中使用适当的压缩格式,以提高内容加载速度。

第二节　多媒体课件的制作

一、多媒体课件的类型

根据多媒体课件的内容与作用以及教学中应用方式的不同,多媒体课件可以分为以下几种类型。

1. 课堂教学型

课堂教学型课件通常专为各学科的教学而设计,主要用以解决学科教学中的关键和难点问题,它着重于给予学生启发和提示,同时反映问题解决的过程,主要在课堂上进行教学演示。这类课堂教学型课件对于教学内容的精练度要求较高,强调屏幕主题的醒目突出,文字和图形需要以较大的尺寸显示,以便在课堂环境中清晰呈现。这样的课件能够按照教学过程的逻辑逐步展开,使学生能够有条不紊地深入理解。目前,这一类多媒体课件在实际教学中得到了广泛应用,成为教学的重要辅助手段。而为其开发的工具多为 Flash、PowerPoint、几何画板等软件,这些工具提供了丰富的多媒体元素,有助于创造出更具吸引力和互动性的教学内容。

2. 个别化学习型

个别化学习型课件,特指为满足学生在软件环境下进行个体化学习需求而开发的教育工具,通常构建在完整的知识结构基础之上,蕴含着精心设计的教学过程,以呈现教师的独特教学理念和策略为目标。这类课件赋予学生与教材互动的机会,通过友好的人机界面创造交互式学习的环境,进而为学生提供丰富的形成性练习,以促使他们在学习过程中不断自我评估与反思。

3. 模拟仿真型

通过充分利用计算机图形技术以及模拟仿真技术,模拟仿真型教学软件具备了极其有益的教育性能。其独特之处在于,它们允许学生在学习过程中灵活地调整各种参数选项,从而实现对模拟对象状态和特征的实时模拟。学生可以根据个人的需求和兴趣,在不同的参数设定下进行模拟实验,从而深入探究和发现学习内容。这种互动性和实践性的学习方式为学生提供了一个广阔的实验场,使他们能够在探索中获得知识,从而更加深刻地理解抽象的概念和理论。总之,模拟仿真型教学软件以其交互性和实践性,为学生创造了一个富有成效的学习环境。

4. 练习型

练习型教学软件具备通过问题设计来培养和加强学生特定知识和技能的特点。在软件的构建过程中,必须保障知识点的合理分布,以确保对学生能力的全面锻炼和评估。此外,考核目标也需要分级设定,逐渐提升,以便根据每个等级的目标调整题目的难易度。这样的教学设计方法在帮助学生发展的同时,也为教育者提供了一种有针对性、逐步深入的指导方式。

5. 游戏型

游戏型教学软件是以学科知识为基础的教育工具,通过将知识内容融入娱乐元素,以愉悦的游戏形式激发学生的学习兴趣和积极参与。这种教学方法不仅在教育领域迅速崭露头角,还在一定程度上扩展到其他领域,为学生创造了一个更具吸引力和互动性的学习环境。在设计游戏型教学软件时,需要着重考虑其趣味性,确保内容设计充满乐趣,同时也要确保游戏规则简单易懂,让学生能够迅速上手。这种融合了教育和娱乐的方法有助于打破传统教学的单调和枯燥,激发学生的好奇心,培养他们在主动探索中获得知识的能力。总之,游戏型教学软件作为一种创新的教育手段,正逐渐成为教育界关注的焦点,为培养更具创造力和实际应用能力的学生提供了新的可能性。

6. 资料工具型

资料工具型教学软件是一类专注于提供特定教学功能或特定教学资料的软件,常见的包括工具书、电子字典以及多样化的多媒体素材库等。这些软件并不涉及具体的教学内容,而是为教师和学生提供了获取、管理和利用教学资源的便捷途径。在这类软件的设计过程中,深入的数据库知识起着关键作用,设计者需要理解如何有效地组织和存储数据,以满足用户的需求。此外,基本的程序设计能力也是不可或缺的,以确保软件界面友好、操作流畅,为用户提供良好的使用体验。因此,资料工具型教学软件的开发需要设计者在教育领域知识和技术领域知识的融合,以创造出能够有效辅助教学的实用工具。

二、多媒体课件的制作流程

要确保成功制作高质量的多媒体课件,必须熟谙多媒体课件制作的关键环节。通常,多媒体课件的制作过程包括以下几个主要阶段:选题→学习者分析→教学设计→系统结构设计→原型开发→稿本设计→素材制作→系统集成→评价和修改→发布和应用(图4-1)。这一制作流程中的每个环节都扮演着关键的角色,共同构建出富有互动性和教育价值的多媒体课件。

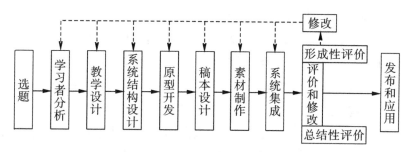

图4-1 多媒体课件的制作流程

1. 选题和学习者分析

选题和学习者分析被统称为需求分析,在教育教学领域具有重要意义。其中,选题在课件制作中扮演着关键的角色。在着手制作课件之前,教师应当充分展开选题论证的工作,以最大程度地减少不必要的资源和时间投入。值得注意的是,选题的选择应当经过深思熟虑,尤其是要着眼于那些学生普遍难以理解、教师难以清晰讲解的核心和难点问题。尤其是涉及那些通过图像和动画效果能更好地呈现的内容时,选题的精心挑选显得尤为重要,毕竟这些内容往往难以仅通过语言和板书来传达。不过,在课堂上可以轻松讲解易于理解的内容,并不需要借助多媒体课件的形式来呈现,因为其效果可能相对有限。综上所述,经过周密思考的选题与充分考虑学习者需求的分析,为高质量多媒体课件的制作奠定了坚实的基础。

2. 教学设计

在多媒体课件的创作过程中,进行精心的教学设计凸显着其关键性的作用,这也是确保最终课件效果的一个不可或缺的环节。课件的质量直接关系着教学的成效,而恰如其分的教学设计将成为决定性的因素。设计者应当深入研究教学目标的要求以及学习对象的特点,以此为依据精心挑选和有序组织教学媒体与方法,从而塑造出一个经过充分优化的教学体系结构。运用系统论的观点和方法,从教学目标出发,透彻分析在教学过程中可能出现的问题和需求,随后明确解决这些问题的有效步骤。在此基础上,合理选择适用的教学策略和教学资源,明晰教学知识点的有序排列,根据所选教学媒体恰当地构建教学环境,精心安排传达教学信息和反馈的内容与方式,同时考虑人机交互的方式等因素。通过这样的细致设计,才能确保所创作的多媒体课件最大限度地发挥教学效益,深入达成学习者与教学目标间的有益互动。

3. 系统结构设计

进行系统结构设计实际上是对多媒体课件的整体规划与构思,涵盖了诸多关键要素。这些要素包括但不限于页面设计,即如何布局和呈现内容以最大程度地吸引学习者的注意力;层次结构设计,通过清晰的信息层次使学习者能够有条理地掌握知识;媒体的应用设计,选用合适的多媒体元素如图像、音频或视频来增强学习体验;知识点的表示形式设计,选择合适的图表、文字或动画等形式来呈现抽象概念;练习方式设计,设计有效的练习和互动环节以促进实际学习效果;页面链接设计,确保页面之间的流畅转换与连贯性;交互设计,考虑学习者与课件之间的双向互动,使学习更加有趣和有效;导航设计,设计易于导航的界面,让学习者能够轻松地浏览和获取所需内容。这些要点相互交织,共同构成了一个精心策划而又综合全面的多媒体课件系统。

4. 原型开发

在着手制作多媒体课件之前,首先需要精心挑选一个相对完整的教学单元,这将成为课件制作的核心内容。而在这一前提下,制作课件的第一步则是设计并打造出一个具有代表性的教学单元原型。通过原型的开发与设计过程,能够有针对性地确定整体多媒体课件所要呈现的风格,界面设计的风格,以及导航功能的风格。其次,还需要明确素材的规格和要求,以便能够顺利地嵌入课件中,并且明确编写稿本的要求和内容,从而确保课件的内容与教学目标紧密契合。这一策略不仅能够有效地指导多媒体课件的整体构建,更能够在制作初期就规避潜在的问题,确保制作过程的流畅性和教学效果的优良性。

5. 稿本设计

在教学设计过程中,稿本的制作是一个基于教学内容特点与系统设计需求的关键步骤。在特定学习理论的指导下,每个教学单元的内容、安排,以及各单元之间的逻辑联系都经过精心策划与设计。这一过程涉及呈现形式的具体构建,包括编写详尽的讲解文稿、选择适当的文体,以及嵌入图形、表格、图片和动画等多种媒体元素。同时,还需要思考如何实现页面之间的有机交互,以提升学习体验。这样的综合性设计不仅要考虑信息的传递效果,还要确保教材的易读性与吸引力,从而为学习者提供一个富有互动性与启发性的学习环境。

(1)文字稿本。文字稿本是按照教学过程的时间顺序,详细描述每个教学环节的内容和呈现方式,它是多媒体课件中的一个重要组成部分。在多媒体课件的开发过程中,首要步骤是进行课件的教学设计。这一设计阶段包括明确教学目标和内容,分析学习者或用户的特点,选择合适的媒体信息,构建知识结构,设计诊断和评价方法。所有这些设计思路和策略都汇集到课件的文字稿本中,以便于更好地指导整个课件的制作。文字稿本不仅是教学过程的蓝图,也是教学设计的精髓所在,它为多媒体课件的创作奠定了坚实的基础。

(2)制作稿本。多媒体课件的制作稿本扮演着体现课件系统结构与教学功能的重要角色,它是课件制作过程中直接依据的一种形式。在多媒体课件制作稿本中,通常应该包含一系列关键要素,以确保最终制作出具有高质量和有效性的课件内容。这些要素包括对课件系统整体结构的详细说明,以及对各个知识单元的深入分析,以确保内容的连贯性和逻辑性。此外,制作稿本还需要涵盖界面设计的方案,确保用户友好的界面布局和视觉效果,以及链接关系的详细描述,以保障内容之间的无缝衔接。制作稿本中的卡片元素也不可或缺,它们可以帮助在制作过程中更好地把握内容的呈现和交互细节,从而在最终的多媒体课件中达到教学目标。综合而言,多媒体课件制作稿本是一项有助于确保课件质量和教学效果的关键步骤,它对于教学内容的有序呈现和用户体验的优化具有不可忽视的作用。

6. 素材制作

媒体素材设计是为了有效传达学习内容而进行的素材和媒体构思与设计,其中包括文本、图像、声音、动画、视频、虚拟现实等多种形式。在素材的制作过程中,有以下几个关键方面需要特别注意。

(1)对文字的设计。多媒体课件中包含了大量的文字信息,是学生获取知识的重要来源,设计时要做到以下几点。

第一,在构建有效沟通时,突出简洁和重点至关重要。简洁的表达有助于确保信息的清晰传达。在这一过程中,可以采用提纲式的结构,将重点内容有条不紊地呈现。对于某些不可或缺的内容,如名词解释、数据资料以及图表等,可以采用热字、热区交互的形式呈现,使其在阅读完毕后自行消失,以保持整体的简明扼要。这种方法有助于在保留重要信息的同时,减少不必要的冗余,从而更有效地传达所需信息。

第二,在有效的教学过程中,文字内容的呈现方式扮演着至关重要的角色。为了帮助学生更好地理解和吸收知识,一种逐步引入的策略被广泛采纳。在展示一屏文字资料时,渐进式的呈现可以帮助学生逐步聚焦于重要信息。这种方式有助于减少信息过载,使学生能够更容易地抓住核心概念。此外,引入文字内容时,运用多样的动画效果也是一种增强学习体验的方式。这些动画效果可以以视觉的形式吸引学生的目光,让他们更加专注。同时,配合清脆悦耳的音响效果,可以在引入阶段引起学生的兴趣和好奇心,激发他们对即将呈现的内容的期待感。综合考虑,这种渐进式、多样化的呈现方式有助于优化教学效果,提升学生的学习效率和积极性。

第三,在编辑排版时,选择适当的字体、字号和字形显得尤为重要。为了确保信息清晰易读,内容文字宜选择较大的字号,以便读者能够轻松获取信息。在选择字体时,应当注重其醒目程度,通常建议使用宋体、黑体和隶书等常见字体,以确保文字的可读性。另外,在处理关键性的标题、结论、总结等部分时,可以运用不同的字体、字号、字形甚至颜色,以便视觉上的区分,突出这些重要内容,进一步提升文档的可阅读性和信息传达效果。总之,适当的排版选择能够增强文字的可视性和吸引力,从而更好地传达信息。

第四,在设计中,确保文字与背景的颜色搭配合理是至关重要的。在这方面,有一些原则需要被遵循。首先,文字与背景的颜色应该具有醒目度,使得文字易于阅读,不至于被忽视。其次,长时间观看后不会产生视觉疲劳也是一个关键因素。一般而言,文字的颜色宜选择亮色,这有助于在背景中突出显示,增加可读性。而背景的颜色则应以较暗的色调为主,以确保文字在其上面清晰可见。为了帮助设计者更好地进行选择,表4-1中呈现了几种具有良好视觉效果的颜色搭配方案,供参考和应用。这些原则和搭配方案共同构成了一个优质的视觉设计,使得信息能够以清晰、舒适的方式传达给观众。

表 4-1　文字颜色和背景颜色搭配方案

文字颜色	白色	白色	白色	黄色	黄色
背景颜色	黑色	绿色	红色	蓝色	黑色

(2)对声音的设计。多媒体课件所涵盖的声音元素涵盖了人声、音乐和音效等方面。其中,人声往往被用于解说、范读以及范唱等场景,不过在多媒体课件中往往运用得相对较少。然而,在教学设计中,一些恰当选用的音乐和音响效果却能够极大地丰富教学内容,同时也能够吸引学生的兴趣与注意力。比如,在某些场景下,如背景音乐,能够舒缓紧张的课堂氛围,有助于学生更好地进行思考。因此,在进行声音设计时,有一些关键要点值得我们予以关注。

第一,在教学过程中,音乐的应用不仅是一种美妙的艺术表达,更是一种能够有效促进学习的教学手段。音乐的节奏应与教学内容相协调,以营造出一种融洽的学习氛围。特别是在强调重点内容的部分,选择舒缓而节奏较慢的音乐,能够有效地加强情感共鸣,让知识更具感染力。而在过渡性内容的呈现过程中,则可以考虑选用轻快的音乐,以活跃氛围,使学习过程更加生动有趣。通过恰当运用音乐,教师可以在保持教学严肃性的同时,调动学生的积极性与注意力,从而达到更加高效和愉悦的教学效果。

第二,在音频的表现中,恰如其分的音乐和音效扮演着重要的角色,然而过度使用却可能产生不利影响,变成信息干扰。音乐与音响效果作为情感和氛围的渲染工具,当被巧妙地融入时,能够增强观众的情感共鸣,提升整体体验。然而,当其使用过多或过于强烈时,可能分散听众对核心内容的注意力,阻碍信息的传递与消化。因此,在创造音频内容时,需平衡考虑音乐和音响效果的运用,确保它们与主要信息相互协调,营造出更为吸引人且明晰的听觉体验。

第三,在选择背景音乐时,需要特别注意音乐的情感表达与场景的契合度。背景音乐的作用不仅在于填补氛围,更是要为环境营造一种舒适的氛围。因此,在挑选音乐时,必须确保其节奏和调性与所处环境相协调,避免音乐过于激昂而导致喧宾夺主的尴尬局面。适度的柔和音乐能够让人感到放松,帮助营造出宜人的氛围,使人们更能专注于对话或活动本身,而不会被音乐影响而分心。因此,在确保不干扰主要活动的前提下,背景音乐的选择应当更加注重平衡,以确保其起到积极的辅助作用,而不是成为引人注目的中心。

第四,为了便于教师的灵活掌控,可以考虑在系统中设置一个可随时调节的背景音乐开关按钮或菜单。这样的设计能够使教师在教学过程中更加自由地决定是否启用背景音乐。教室氛围的瞬息万变需要配以相应的音乐氛围,而设置开关按钮或菜单的形式可以让教师在需要的时候轻松地将背景乐打开,从而为课堂注入更多情感色彩,加深学生对所学内容的印象。在一些需要集中注意力的情境下,教师也能随时将背景音乐关闭,确保学生专注力的集中。因此,这种人性化的设计能够更好地满足不同教学阶段和情境下的音乐应用需求,为教学创造更为灵活多样的可能性。

(3)对图形、图像、动画、视频的设计。在多媒体课件中,图形、图像、动画以及视频等元素占据了重要的一席之地,一个巧妙设计的多媒体课件更是能够在教学中事半功倍。然而,其效果的发挥却取决于设计的精妙程度,不善的设计也可能导致适得其反的副作用。

第一,图形和图像的呈现应当考虑便于学生观察。为了确保学生能够清晰地理解图形和图像所传达的信息,这些视觉元素的设计应尽可能地大,以便主要内容能够位于屏幕的视觉中心,使学生轻松地观察到关键信息。

第二,对于那些较为复杂的图像,应采取逐步显示的方式。这种策略有助于避免一次性呈现所有细节而使学生难以把握重点。逐步显示图形的方法能够配合教师的讲解,逐渐揭示出图像的各个部分,直至最后展示出完整的图像。

第三,在处理动画和视频时,应考虑设置重复演示的功能。对于动画和视频元素,学生可能会在首次观看时错过某些细节。因此,最好的方法是为其提供重复播放按钮,使教师能够根据教学的需要,重复播放特定片段,以确保学生充分理解所呈现的内容。

总之,多媒体课件中的图形、图像、动画和视频等元素在教学中具有重要作用,其设计应充分考虑观察性、逐步呈现以及重复演示等原则,以达到最佳的教学效果。

7.系统集成

在各类课件素材完成后,课件开发设计人员以及美工人员即可依照制作稿本中的指引,对课件的界面风格、内容展现以及导航链接等方面进行精心设计与制作。在课件的制作过程中,还需细致思考课件制作所涉及的技术选择等诸多问题,以确保最终呈现出优质的教育内容。

(1)选择制作技术。在教学过程中,课件与网络技术或多媒体技术的有机融合,赋予了教学内容和活动以丰富多彩的呈现形式。课件的制作技术并不受限于特定的创作工具,而是应根据实际需求选择最为简便实用的方式,如 Flash、Dreamweaver 等工具,同时还包括了 ASP、JSP 等动态网页实现技术,以及近年兴起的流媒体合成等创新技术。这种多元化的制作选择,有助于创造出更具互动性和吸引力的教学材料,进一步提升教学的效果与体验。

(2)制作课件样例。课件开发的流程通常会根据制作稿本展开。一开始,开发人员会制作一至两套课件样例,并邀请教师、教学顾问、教学设计师等相关人员参与审查。若这些专业人士对样例方案达成一致赞同,开发团队会按照这些样例的设计准则来完成整个课件制作过程。然而,如果审查过程中出现不同意见,开发人员将会根据审查意见进行针对性的修改,不断调整和改进,直至获得通过为止,以确保最终制作出质量优异的课件。

(3)注意色彩的合理应用。适宜运用色彩可以显著提升课件的情感共鸣,但在运用中必须谨慎把握,以确保不会分散学生的注意力为首要原则。举例而言,色彩的搭配必须得当,色彩的配置必须贴切自然,同时要区分动态和静态物体的颜色,确保前景与背景的色彩明确区分,而且每个画面中的色彩不应过于繁杂。

(4)加入人机交互练习。在开发多媒体课件时,巧妙地融入人机交互元素的练习,可以以多种方式实现,比如邀请学生登台操作并作答,或是在学生回答后由教师进行演示。这种做法不仅能够为课堂注入活力,也能有效地激发学生积极参与,使他们更加投入教学活动中。这种互动式的设计不仅能够提升学习氛围,还能够提升学生的思维深度和创造性,从而更好地达到教学的目标。同时,通过这种方式,教师也能够更加灵活地根据学生的实际情况进行教学调整,进一步提高教学效果。

(5)注意字、图、声的混合。举例而言,在考虑一些缺乏声音的动画时,设计师应考虑为其添加相应的音乐或音效,以充实视听体验。这种做法不仅能够同时调动学生的视听感知,还有助于加深他们的记忆,从而提升整体教学效果。另外,在强调一些关键的字词或句子时,除了使用不同的字号、字体和字形进行突出展示,还可以巧妙地应用动画闪烁等技巧,以引起学生的特别注意。通过这些精心设计的元素,教学可以更加生动有趣,帮助学生更好地理解和吸收知识内容。

8.评价和修改

在课件制作的完整流程中,对课件进行不断的评价和调整是一个不可或缺的环节,它不仅构成了课件制作过程的重要组成部分,同时也承担着确保课件质量的重要责任。这一步骤的主要目标在于以定性和定量的方式对课件的性能和效果进行详尽描述,从而确认课件的有效性与实际价值。通过对课件进行这样的评估,能够为改进课件提供宝贵意见,同时也有助于总结课件制作的经验教训。在这一过程中,课件制作者应根据评价结果进行合理的修改,以进一步提升课件的质量和实际效果。这种循环不断的评价和调整,有助于确保课件不仅在理论上具备高水准,同时也在实际应用中表现出优越品质。

9.发布和应用

课件制作一旦完成,便开启了多种发布途径:磁盘、光盘和网络等均为用户方便的选择。在经历了多次的修改与完善后,多媒体课件即可步入实际应用阶段。其用途不仅限于教师在教学中的应用,还可以广泛用于交流、推广以及发布。然而,在教学实践中,教师或许会发现一些需要改进的地方,因此课件一旦投入使用,并不意味着一切都尽善尽美。持续地收集反馈信息变得尤为重要,这将有助于不断对课件进行调整、完善和升级,使之更加贴近教学需求,最终达到实际应用中的实用性与便捷性目标。

三、幻灯片的基市操作

PowerPoint 演示文稿由幻灯片组成,每张幻灯片都是演示文稿中相互独立又相辅相成的内容。在微课制作领域,PowerPoint 具有不可替代的作用。

(一)新建幻灯片

幻灯片是演示文稿制作的基础,使用 PowerPoint 制作课件时,首先要学会新建幻灯片。常用的新建幻灯片方式有以下 4 种。

（1）在"开始"选项卡或"插入"选项卡中单击"新建幻灯片"按钮。

（2）在导航窗格中右击，在弹出的快捷菜单中执行"新建幻灯片"命令。

（3）在导航窗格中选中幻灯片，按 Enter 键可快速创建相同版式的幻灯片。

（4）按 Ctrl+M 组合键可快速新建幻灯片。

（二）移动与复制幻灯片

移动和复制幻灯片是幻灯片制作的基础。移动幻灯片可以调换幻灯片的顺序，使演示文稿排列更加整齐；复制幻灯片则可以快速制作出相同的幻灯片，提高工作效率。

1. 移动幻灯片

在导航窗格中选中所需幻灯片，按住鼠标左键拖曳至目标位置即可（图4-2）。移动后，幻灯片左侧的编号也会随之发生变化。

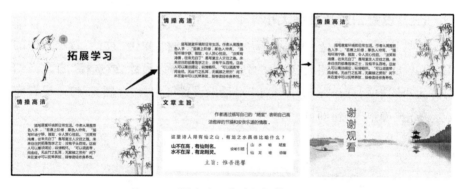

图4-2　移动幻灯片

2. 复制幻灯片

选中幻灯片，按 Ctrl+C 组合键复制，移动光标至目标位置单击，按 Ctrl+V 组合键粘贴即可（图4-3）。

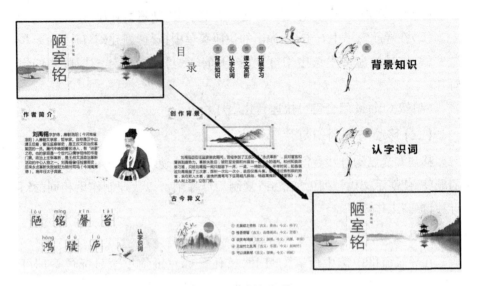

图 4-3 复制幻灯片

（三）设置幻灯片页面大小

幻灯片页面大小是可以根据需要进行调整的。单击"设计"选项卡中的"幻灯片大小"下拉按钮，在弹出的列表中选择预设尺寸，或选择"自定义幻灯片大小"选项，打开"幻灯片大小"对话框设置尺寸参数（图 4-4）。设置完成后单击"确定"按钮即可。

注意：PowerPoint2016 版和 2019 版默认以宽屏（16：9）页面显示。

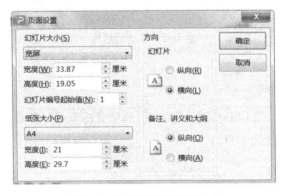

图 4-4 设置幻灯片页面大小

四、设置幻灯片版式及配色

幻灯片不仅要具备实用性,还需具备美观性。用户可以通过设置幻灯片的背景、颜色、版式等内容使幻灯片更加有条理且美观。

(一)幻灯片背景设置方式

幻灯片背景可以帮助用户统一页面版式。PowerPoint 中的页面背景可以分为纯色、渐变、图片和图案 4 种类型。

1. 纯色背景

纯色背景看上去简洁大方且非常干净,能够很好地突出主题内容。在"设计"选项卡中单击"设置背景格式"按钮,在"设置背景格式"窗格中选中"纯色填充"单选按钮,并选择好"颜色"即可(图 4-5)。

注意:设置纯色背景时,不宜选择较为鲜艳的颜色,此类颜色比较刺眼,不适合长时间观看。

图 4-5　纯色背景

2. 渐变背景

渐变背景具有较强的节奏感和审美情趣。在"设置背景格式"窗格中选中"渐变填充"单选按钮,然后设置渐变即可(图4-6)。设置渐变背景时,颜色应控制在2~3种,且尽量避免选择互补色,以免影响画面美观。

3.图片背景

图片背景可以快速丰富页面内容,使幻灯片页面更具观赏性。在"设置背景格式"窗格中选中"图片或纹理填充"单选按钮,单击"文件"按钮,打开"插入图片"对话框,选择合适的背景图片,单击"插入"按钮即可(图4-7)。设置图片背景时,应选择清晰且与主题内容相符的图片。

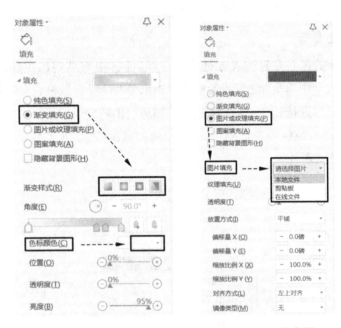

图4-6   渐变背景   图4-7   图片背景

4.图案背景

图案背景比较丰富,具有一种简约美。在"设置背景格式"窗格中选中"图案填充"单选按钮,并在"图案"列表中选择所需图案,设置好"前景"色和"背景"色即可(图4-8)。

注意:设置图案背景时,应避免选择夸张的图案,以免喧宾夺主,影响课件内容的显示。

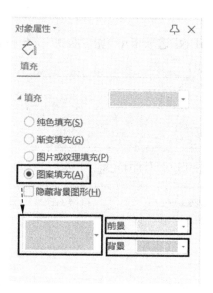

图4-8 图案背景

（二）幻灯片版式类型

PowerPoint中预设了标题幻灯片、标题和内容、节标题、两栏内容、比较、仅标题、空白、内容与标题、图片与标题、标题和竖排文字、竖排标题与文本等11种幻灯片版式。其中默认幻灯片版式为"标题幻灯片"（图4-9）。

图4-9 新建幻灯片

1.套用预设版式

选中幻灯片,在"开始"选项卡中单击"版式"下拉按钮,在弹出的列表中选择版式即可(图4-10)。

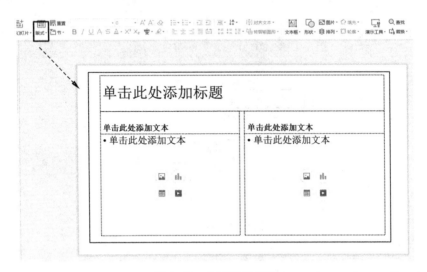

图4-10　套用预设版式

版式中的文本框叫占位符,占位符又分为不同的类型。单击文本占位符后即可输入文本内容。单击其他按钮可打开对话框插入相应的文件。

2.利用母版修改版式

幻灯片母版是存储模板信息的幻灯片,通过使用母版,可以批量处理幻灯片,使其具有统一的外观样式。

选择"视图"选项卡,单击"幻灯片母版"按钮,即可打开母版视图界面。在母版视图界面中,第1张幻灯片为母版页,其余幻灯片为版式页。在母版页中的操作将应用至其他版式页中(图4-11),而在版式页中的操作仅应用于该版式(图4-12)。

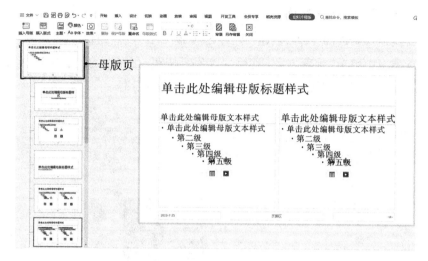

图4-11　母版页的应用

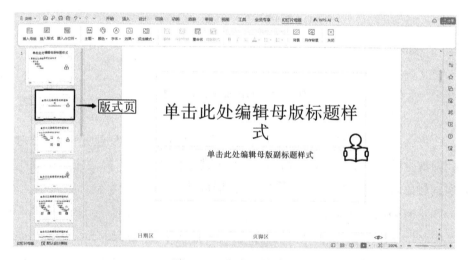

图4-12　版式页的操作

设置完成后,单击"幻灯片母版"选项卡中的"关闭母版视图"按钮,即可返回至普通视图界面。在"开始"选项卡中单击"新建幻灯片"按钮,选择修改后的版式应用,即可看到更改后的效果。

(三)灯片快速配色

幻灯片配色是课件版式统一的关键因素。在制作幻灯片课件时,用户可以利用主题或配色工具两种方式快速配色。

1.利用主题快速配色

启动 PowerPoint 软件,创建一个主题模板。在"设计"选项卡的"配色方案"选项组中单击"推荐方案"或者"自定义"按钮,在弹出的列表中选择"颜色"选项,在打开的颜色列表中选择配色方案(图4-13)。

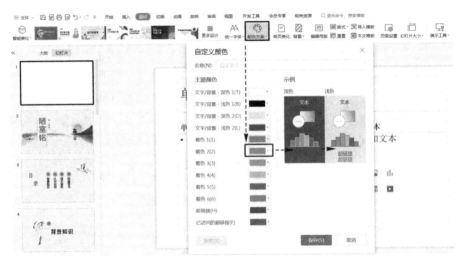

图4-13　利用主题快速配色

每一套主题都有比较成熟的版式和配色方案。主题创建完成后,若对当前的主题颜色不满意,可使用以上方法进行快速配色。每套主题配置了多种配色方案,用户可以根据需要自行选择。

2.利用配色工具快速配色

除了主题色外,用户还可以通过第三方配色工具,选择合适的配色方案进行应用。以 Adobe Color CC 在线配色工具为例,在搜索引擎中搜索"Adobe Color CC 配色"关键字,找到该网站并进入网站界面。

界面正中为色环,色环下方为配色方案及具体的色值。在左侧的色彩规则列表中选择色彩类型,如选中"单色"单选按钮,然后拖动色环中的取色点并指定一个主色,色环下方即会匹配相应的配色方案。

获取配色方案的色值后,在幻灯片中选择所需元素,在"审阅/画笔"选项卡中单击下拉按钮,在弹出的列表中选择"其他填充颜色"选项,打开"颜色"对话框,在"自定义"选项卡中输入色值,即可将配色方案运用到幻灯片中(图4-14)。

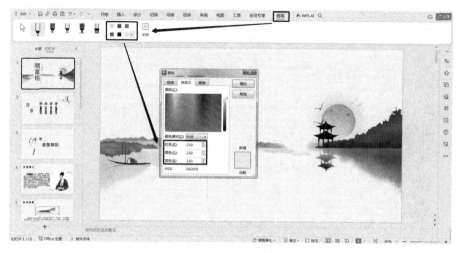

图4-14　颜色填充

五、设置幻灯片元素

幻灯片中除了可以添加文字,还可以添加其他元素,例如图片、图形、音频、视频等。灵活利用这些元素可丰富课件内容,提升课件的可读性。

(一)文字元素

使用文字可以很好地体现课件内容,表达创作者的制作思路。文字设置包括字体、字号、颜色等。

1.字体

不同的文字字体,给人的感觉也不一样。每种字体都有其独特的气质。如黑体偏向于严谨沉稳,而宋体则偏向于温文尔雅(图4-15)。

在制作课件时,可根据内容的不同选择风格契合的字体。如将卡通类字体应用于儿童课件;将书法类字体应用于古典文学鉴赏课件;将手写类字体应用于艺术类课件等。

注意:课件中的字体最多不超过三种,过多的字体会使页面变得凌乱,内容不易识别。

图 4-15　文字字体

2. 字号

字号是指文字的大小。合理地设置文字大小,会使画面主次分明、有条理(图 4-16)。

图 4-16　文字字号

3. 颜色

除了字体与字号外,还可通过改变文字颜色突出显示重点内容。需要注意的是,字体颜色应与画面色调相匹配,颜色不宜过多。

（二）图片元素

图片可以直观地表现教学内容，美化页面效果。制作课件时，用户可对收集到的图片素材进行处理，使其满足制作需要。

1. 插入图片方法

插入图片的方法有以下两种。

1）插入本机图片：将文件夹中的图片直接拖入页面中，或在"插入"选项卡中单击"图片"按钮，打开"插入图片"对话框，选择图片后单击"插入"按钮即可。

2）插入屏幕截图：找到合适的图片后，在"插入"选项卡中单击"更多"下拉按钮，在弹出的列表中选择"屏幕截屏"选项，并以半透明状态显示桌面屏幕，拖曳光标截取图片，完成后，被截取的图片将自动插入页面中。

2. 图片处理技巧

插入图片后，可对图片进行基本的处理，例如调整图片大小、设置图片色调、设置图片效果或外观样式等。

（1）裁剪图片。选择图片，在"图片工具"选项卡中单击"裁剪"下拉按钮，图片周围将出现裁剪点，拖动其中一个裁剪点至合适位置，单击图片外任意一点即可完成裁剪操作。

（2）调整图片效果。在"图片工具"选项卡的"调整"选项组中，单击"色彩"下拉按钮，在弹出的列表中可以调整图片的亮度及对比度；单击"效果"下拉按钮，在弹出的列表中可以为图片添加艺术效果。

（3）设置图片外观样式。在"图片工具"选项卡的"边框"选项组中，可为图片添加预设的外观样式，还可对当前样式进行自定义设置。

（4）删除图片背景。PowerPoint 2016 及以上版本中新增的"删除背景"功能，可以很好地帮助用户抠取所需的图片内容。

选择照片后，在"图片工具/格式"选项卡中单击"删除背景"按钮，随即进入"背景消除"选项卡。此时软件会自动识别图片背景区域并突出显示。通过单击"标记要保留的区域"按钮"＋"或"标记要删除的区域"按钮"－"可以调整要删除的区域，单击"保留更改"按钮"√"即可完成背景的删除操作。

(三)图形元素

PowerPoint 的图形工具有很强的可塑性,用户可以根据要求轻松绘制出任意想要的图形效果。

1.插入图形

在"插入"选项卡中单击"形状"下拉按钮,在弹出的列表中选择所需图形后,在页面中拖曳光标即可绘制该图形(图 4-17)。

图 4-17　插入图形

将光标移动至图形上方圆点处,按住鼠标左键不放并拖曳可微调该图形(图 4-18)。

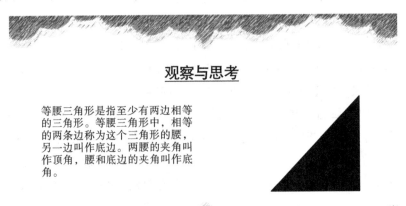

图 4-18　图形微调

SmartArt 图形是一种特殊的图形。在"插入"选项卡中单击 SmartArt 按钮,打开"选择 SmartArt 图形"对话框,选择合适的 SmartArt 图形样式后,单击"确定"按钮,即可绘制 SmartArt 图形。其中"层次结构"选项中的样式即是常说的流程图。

2. 变换图形

如果在图形列表中没有合适的图形,那么用户可以先绘制一个基本图形,然后再进行更改。常用的图形变化方式有以下两种。

(1)编辑顶点。选择图形后在"绘图工具"选项卡中单击"编辑形状"下拉按钮,在弹出的列表中选择"编辑顶点"选项,此时被选择的图形四周会显示可编辑的顶点。选择任意顶点后拖动手柄至合适位置,释放手柄即可看到图形的变化(图 4-19)。

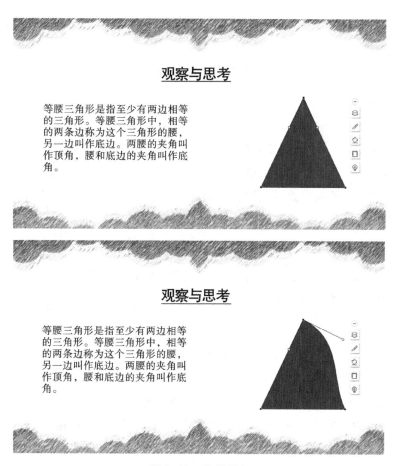

图 4-19　编辑顶点

（2）合并形状。合并形状是指将多个图形进行合并或拆分后,生成的一个新图形。选择多个图形在"绘图工具"选项卡中单击"合并图形"下拉按钮,在弹出的列表中选择所需选项即可（图4-20）。

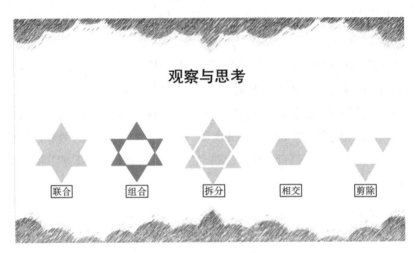

图4-20　合并形状

3. 美化图形

选择图形后在"绘图工具"选项卡中单击"填充"下拉按钮,在弹出的列表中可以对图形的颜色进行设置。单击"轮廓"下拉按钮,在弹出的列表中可以对图形的轮廓样式进行设置。单击"形状效果"下拉按钮,在弹出的列表中可以为图形添加阴影、发光、棱台等效果。

（四）表格元素

表格可以直观地展示数据信息,帮助观众快速获取重要信息。同时,表格还可以帮助排版,使幻灯片页面更加整齐。

1. 插入表格

常用的插入表格的方法有以下两种。

1）快速插入表格:在"插入"选项卡中单击"表格"下拉按钮,在弹出的列表中滑动选择表格的行数和列数,并单击确认即可。

2）对话框插入表格:在"插入"选项卡中单击"表格"下拉按钮,在弹出的列表中选择"插入表格"选项,打开"插入表格"对话框,设置表格的行数和列数后单击"确定"按钮即可。

2. 编辑表格

创建表格后,通过"表格工具/布局"选项卡的相关按钮对表格的样式和结构进行调整。如插入行或列、调整行高或列宽、合并或拆分单元格等。

3. 美化表格

在"表格工具/设计"选项卡"表格样式"选项组中预设了多种表格样式,用户可以直接套用这些样式,以达到快速美化的目的。

(五)动画元素

动画可使课件中的对象呈现出动态效果,为枯燥的课件增添一种灵动之美。PowerPoint为用户提供了4种基本动画类型,分别为进入、强调、退出及动作路径。

这4种基本动画的作用分别如下。

1)进入:该类型动画是对象从无到有、逐渐出现的动画过程。

2)强调:该类型动画可以对课件中的一些重点内容进行强调,加深学生的记忆。

3)退出:该类型动画与进入动画作用相反,是对象从有到无、逐渐消失的动画过程。

4)动作路径:该类型动画可以让对象按照设定好的动作路径进行运动的动画效果。

如需添加动画效果,可先选中对象,在"动画"选项卡"动画"选项组中选择合适的动画即可。

(六)音频、视频元素

视听元素可以在生理和心理上满足观众的双重需求。合适的音频、视频元素可以烘托课堂气氛。

1. 音频元素

课件中的音频可以分为背景音、音效及录制声音3种。其中背景音乐适用于自主阅读的课件;音效适用于音乐课件及幼儿教学课件;而录制声音适用于所有课件,教师可以根据微课内容自行录制。不同音频的编辑操作方法基本一致。

(1)插入音频。在文件夹中选择音频文件后直接拖曳至幻灯片页面中即可,此时页面中将出现图标(图4-21)。

　　用户也可以直接使用 PowerPoint 软件录制音频,录制的音频会自动插入幻灯片页面。在"插入"选项卡中单击"音频"下拉按钮,在弹出的列表中选择"录制音频"选项,打开"录制声音"对话框,设置好名称(图4-22)。单击"·"按钮开始录音,结束后单击"■"按钮停止录音。单击"确定"按钮,录制的声音即插入幻灯片页面。

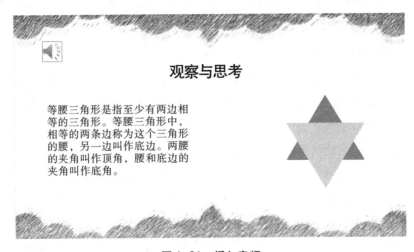

图4-21　插入音频

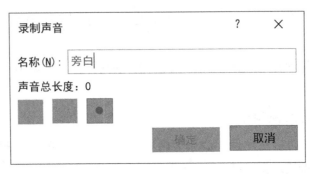

图4-22　录制声音

　　(2)剪辑音频。选中插入的音频图标,在"音频工具/播放"选项卡中单击"剪裁音频"按钮,在打开的对话框中,拖动起始滑块和终止滑块即可(图4-23)。

起始滑块　　　　　　　　　　终止滑块

图4-23　剪辑音频

（3）设置音频播放模式。默认情况下，放映课件时需要单击播放器中的"播放"按钮才可以播放声音。用户也可以设置在放映时自动播放声音。在"音频工具/播放"选项卡中将"开始"设置为"自动"选项即可。

2.视频元素

使用视频可以更直观地描述无法用语言来说明的问题。

插入视频的方式与插入音频类似。将视频文件直接拖曳至幻灯片页面中即可。视频插入后，可以通过"视频工具/播放"选项卡中的"剪裁视频"按钮修剪视频。单击"开始"下拉按钮，在弹出的列表中选择"自动"选项，即可将当前视频的开始方式设置为"自动"。

视频的开始方式有两种，分别为"自动"和"单击"。

1）自动：选择该选项后，当放映至该幻灯片时，软件将自动播放该视频。

2）单击：选择该选项后，当放映至该幻灯片时，需在视频中任意处单击以播放该视频。

六、PPT 美化大师的使用

PPT 美化大师是金山公司也就是 WPS 公司开发的，同时支持 WPS 和 Office 的一款美化插件。

（一）下载与安装

直接在百度中搜索"PPT 美化大师"，或从官网下载。双击打开安装程序直接安装。注意安装之前请先关闭 Office 的所有产品（如 Word、Excel、PPT 等）。安装完成后，桌面上会有 PPT 美化大师图标，点击它或者打开 PPT 软件，都会运行 PPT 程序，就会发现 PPT 美化大师已集成到微软 PPT 界面中（图4-24、图4-25）。

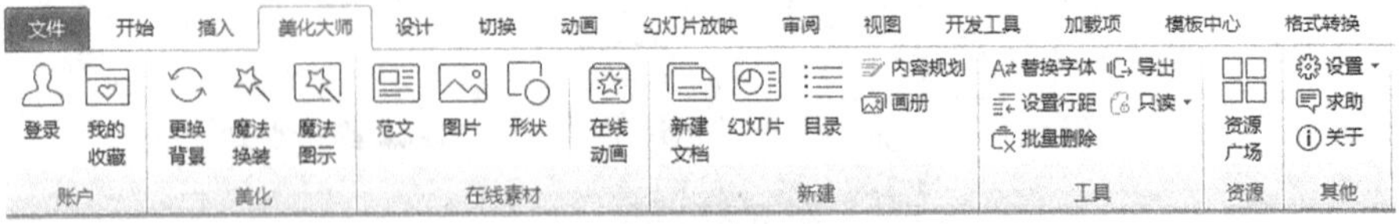

图 4-24 菜单栏

图 4-25 常用工具栏

　　PPT 美化大师在使用过程中,需要计算机保持联网状态,因为所需素材都是即时从网上下载的。

(二)基本操作

1. 魔法换装

　　功能说明:一键全自动智能美化。每点击一次,软件会自动更换一种模板。

2. 更换背景

对魔法换装效果不满意,可以使用"更换背景"功能选择自己需要的PPT模板。

操作:点击"更换背景",会弹出"背景模板"选择框,选择模板,以及屏幕宽高比4∶3或16∶9。点击预览,满意的话选择"套用至当前文档"即可。可以在母板视图下对背景进行微调。

3. 插入目录

(1)插入目录幻灯片,即此张幻灯片中的内容是目录。点击"目录",预览目录的格式并选中。可在空白处输入目录内容。如条目不够,可点下面的"+"增加条目,或者点击"取当前页内容",可自动提取当前页的标题作为目录。

功能说明:

1)创建章节页:不打勾表示只创建一张总目录幻灯片。打勾表示创建一张总目录幻灯片及每个目录会单独再创建一张幻灯片。

2)列表突出:("创建章节页"打勾才有效)为每个目录创建的单独幻灯片中会有其他目录内容,但是以浅色显示(即突出显示本条目录)。

3)单点独立:("创建章节页"打勾才有效)为每个目录创建的单独幻灯片中没有其他目录内容。

4)自动变色:会根据幻灯片的模板色调自动变色。

5)原始格式:不会自动变色。

注意:目录内容可直接在幻灯片中修改,但此时只会修改所改的那张,其他的还保持原内容不变。

(2)插入目录的第二种方法。如果要使用更加灵活的目录幻灯片,可在插入"幻灯片"操作中进行。

功能说明:用于插入新的幻灯片(每次操作只会插入一张幻灯片)。

点击幻灯片,可以看到里边提供了很多目录样式,章节过渡页样式,图文搭配和结束页的样式。

点击"目录",可以直接插入单独的一张目录,在PPT上对目录内容进行修改。同理插入章节页和结束页。保存模板原来的色彩风格或与目前幻灯片色彩风格相配。

前面"目录"的功能,是一次性创建一套目录幻灯片。而此处的目录幻灯片,只是创建一张带目录结构(层次)的幻灯片。

(3)内容规划。功能说明:整体上规划本 PPT 课件的目录结构(或从一开始就建立起本 PPT 课件的目录结构),在后期课件制作过程中,只要对内容进行制作就行了。功能上类似于前面介绍过的"目录",只是"目录"中,只能建一级(层)目录结构,而此处可以建二级(层)目录结构。

点击"内容规划",可以在弹出的窗口中输入相应的标题以及幻灯片章节目录,点击"加号",增加章节名称,选择合适的风格样式,点击"完成"即可。这时自动创建一个新的 PPT。

(4)美化大师的插入功能。美化大师提供了很多的形状,一共有 3000 多种不同类别、不同学科的形状和 6000 多种透明背景图片。消除抠图、制作图形的烦恼。

4. 插入图片

功能说明:插入各种各样的图片。

点击"图片",可在右侧栏目中选择想要插入的图片类型,然后在左边选择其中一种点击,打开图片预览对话框插入。插入后在图片的侧边栏可更改形状、图片、裁剪,在"显示设置窗格"中更改填充图片等。

5. 插入形状

功能说明:插入各种各样的形状(图形)。

点击"形状",可在右侧栏目中选择想要插入的形状类型,然后在左边选择其中一种形状即可插入。插入后,点击形状右侧侧边栏的"显示设置窗格",可以自由变换颜色或插入自己想要的图片进行填充(图 4-26)。

6. 插入画册

功能说明:制作画册式幻灯片。适合制作简单的 PPT 电子相册。

点击"画册",可在右边栏目中选择想要插入的画册类型,然后在左边选择其中一种点击打开。选择适合的图片填充在对应位置中,最后点击"完成并插入 PPT"即可。

如果对画册中的内容不满意,也可以在插入画册之后进行个别地方的修改,修改文字信息或填充图片。如果对以上结果还不满意,可以使用"插入/幻灯片"中的图示功能,选择"图文混排",选择其中一种模式,修改文字或填充图片。

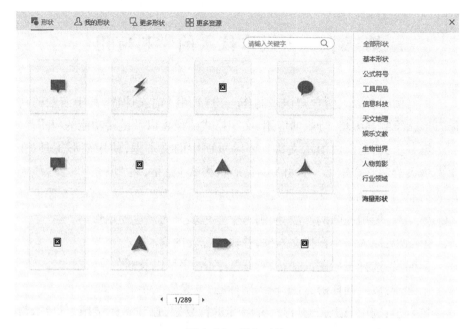

图 4-26 插入形状

7. 矩阵

在美化大师栏目插入形状,或是从菜单"插入/形状",将形状填充图片,按 Ctrl+D 复制。复制后上方自动出现浮动栏,提示对齐方式、居中方式等。美化大师会帮我们快速调整好形状间的位置关系。选择"自定义矩形排列",在弹出的矩形布局框中,选择横向和纵向显示个数,纵向和横向距离。也可以选择"自定义圆弧排列",自行设置圆弧排列的大小,排列方向和旋转角度。

8. 批量处理

美化大师还有批量设置功能,对幻灯片中的字体、字号、行间距、对齐方式等进行批量变更。

第三节　多媒体技术的学科应用

本实例综合以上所学知识来制作一份《雨巷》语文课件,其中涉及的功能有形状绘制与编辑、母版的应用、文字格式的设置以及链接功能的应用。

第一步:新建空白演示文稿。删除页面中的文本框,使用矩形工具,在页面中央绘制一个矩形。打开"设置形状格式"窗格,将"填充"设置为"无填充",将"线条"设置为"实线",并将其颜色设置为蓝色,线宽为1.5磅。

第二步:使用相同的方法,绘制一个颜色填充为蓝色的矩形。

第三步:插入一个横排文本框,并输入标题内容。

第四步:选择该标题文字,设置好其字体、字号以及颜色。

第五步:按照同样的方法,输入副标题,并设置文字的格式。

第六步:选中第1张幻灯片,并将其进行复制,创建一张结尾幻灯片,修改标题文字,并调整好文字的大小。

第七步:选择第1张幻灯片,按Ctrl+M组合键新建幻灯片。在"开始"选项卡中单击"版式"下拉按钮,在弹出的版式列表中选择"空白"版式,创建一张空白版式的幻灯片。

第八步:打开母版视图界面。选择"空白"版式页。

第九步:将文件夹中的素材图片拖曳至页面中,调整至合适位置与大小。

第十步:插入一个矩形,并将其颜色设置为蓝色,填充为"无填充",线条为"实线",宽度为6磅。同时复制矩形,调整好大小,并将其宽度设为1.5磅,其他参数不变。

第十一步:关闭母版视图,返回到普通视图界面。选中第2张幻灯片,利用文本框输入目录页内容,并调整好其文字的格式。

第十二步:利用直线工具,绘制一条直线,并将其颜色设置为蓝色,宽度为3磅,放置在数字编号与文本之间。

第十三步:在第2张幻灯片下方创建"空白"版式的幻灯片,输入课件内容,并设置好其文字格式。

第十四步:选中内容文本框,右击,在弹出的快捷菜单中选择"段落"选项,打开"段落"对话框。设置"特殊格式"和"行距",单击"确定"按钮,完成段落格式的设置。

第十五步：按照以上相同的制作方法，制作第 3～12 张幻灯片内容。

第十六步：选择第 4 张幻灯片，在"形状"列表中选择五角星形状，在页面右下角绘制五角星，并将其轮廓设置为无轮廓，颜色设置为蓝色。

第十七步：选中绘制的五角星，在"插入"选项卡中单击"动作"按钮，打开"操作设置"对话框，选中"超链接到"单选按钮，在其下拉列表中选择"幻灯片"选项，打开"超链接到幻灯片"对话框，选择"幻灯片 2"选项，单击"确定"按钮，返回至"操作设置"对话框，单击"确定"按钮。

第十八步：选中五角星动作按钮，按 Ctrl+C 组合键复制。选择第 8 张幻灯片，按 Ctrl+V 组合键粘贴复制的对象。

第十九步：继续在第 10 张和第 12 张幻灯片中分别粘贴五角星按钮。

第二十步：选择第 2 张幻灯片，选中"戴望舒介绍"文本框，在"插入"选项卡中单击"超链接"按钮，打开"插入超链接"对话框，选择"本文档中的位置"选项，然后在"请选择文档中的位置"列表中选择"幻灯片 3"选项，单击"确定"按钮，添加超链接。

第二十一步：同样使用链接方式，将"初步感知诗歌《雨巷》"文本框链接到"幻灯片 5"；将"丁香姑娘的象征含义"文本框链接到"幻灯片 9"；将"诗歌艺术特色"文本框链接到"幻灯片 11"，完成目录页的链接设置。

至此，语文课件制作完成。

第五章 微课的设计与制作

第一节　微课概述

　　微课作为一种富有创意的教学模式,源自信息技术的迅猛发展与教育需求的深刻变革。在信息时代的浪潮下,教育方式焕然一新,人们对于更加高效、便捷的学习方式充满了期盼。微课的展现恰逢其时,它以碎片化的形式呈现教学内容,使学生能够随时随地进行学习,有效提升了学习效率。微课的问世离不开信息技术的突破,涵盖了互联网、移动设备以及多媒体等领域的创新。正是这些科技支持,赋予教师创造多样教学内容的能力,将图像、音频和视频等元素融入其中,使知识呈现更加生动,学习体验得到极大提升。典型如 Khan Academy,其在线微课程涵盖数学、科学等多个领域,已经在全球范围内产生了深远影响。

　　微课为学生提供了更为个性化的学习机会,使得他们能够根据个人的兴趣、需求以及学习进度,自主地选择适合自己的微课内容,实现自主学习。这种教学模式的个性化特点,不仅有助于点燃学生内在的学习激情,还显著提升了他们的学习效果。一个显著的例子是,众多在线教育平台如 Coursera等,提供了各类主题丰富多彩的微课程,赋予学生根据自身兴趣来定制学习路径的机会。微课的迅猛发展也推进了全球教育资源的广泛共享。教师可以将高质量的微课分享给其他教育者和学习者,跨越地域和时空的限制,促进教育资源的流动与传播。同时,国际合作也因此得以强化,不同国家间优秀的教育资源能够为更多人所共享和受益。典型如 edX 等平台提供了来自世界各地一流大学的微课程,推动了全球范围内教育智慧的互通互融。这种崭新的学习生态,不仅促使教育变得更加灵活多样,也为全球教育事业的蓬勃发展注入了活力。

一、微课的定义

微课的定义因学者而异,且随着时间推移,甚至同一位学者在不同时期对其界定也可能有所变化。因此,微课被视作一个持续演进、逐渐成熟的新兴概念。在众多解读中,笔者更倾向于以下界定:微课,或称作"微课程",是一种由教师为了特定教学过程中的某个知识点或环节而精心设计的短小课程,通常以视频为主要呈现形式,同时配备相应的辅助学习资源。微课与传统课堂的差异显著,其突出特定主题,内容精炼,结构紧凑,适合在移动设备(如平板电脑、手机)和个人电脑等多种媒介上传播。学习者能够利用碎片化的学习时间,快速掌握特定知识点,习得特定技能,从而使其成为一种全新的教学资源。

值得注意的是,微课在不同的学段和学科中呈现出多样的表现形式,因此其内容的具体安排应当根据学科性质、学段特点以及学习者的需求进行解读、设计和制作。

二、微课的特点

1. 知识网格化

微课是教师为针对特定教学环节中的知识点所精心设计的一种教育资源,旨在将一节通常为45分钟的课程拆分为若干相对完整且独立的知识点,每个知识点的时长为5至8分钟。从学科教学的理论角度来看,一堂课通常涵盖3至5个关键知识点,而每个知识点又由4至6个核心关键词构成。因此,微课实质上是对知识点和关键环节的网格化呈现。与传统线下课堂中知识点众多、教学进程较为冗长的情形相比,微课具有更为明确的教学目标,更易于学生接纳和理解。此外,微课的设置使得对不同学习能力的学生能够因材施教,从中获益匪浅。

2. 时间简短化

一般基础教育的微课视频常被限制在短短5至8分钟,而某些知识点甚至只需3分钟左右,如此紧凑的设计使得一堂课程被划分成了3至5个精炼的微课片段。这种划分方式紧密关联于学生的年龄和学习能力,以及所涵盖知识点的深度、浅度、广度。研究结果显示,在传统的课堂教学环境下,由于课时较长,学生普遍难以保持高度的注意力,容易出现分心情况。而微课则在时间上进行了精细的控制,更擅于充分利用碎片化时间进行有效学习,从而在这方面展现出明显的优势。

3. 容量小

微课视频因其文件较小,通常不超过 100 MB,而且常见格式如 MP4、FLV 等也都支持便捷的在线播放。学习者可以轻松地将这些微课视频下载并保存到各种移动终端,从而方便地实现移动学习,并且可以进行多次反复学习。这种灵活性不仅让学习者能够根据自身的时间和地点来安排学习,还有助于巩固知识,深化理解,以及在需要的时候方便地回顾所学内容。

第二节 微课的设计流程

相对于一般课程设计而言,微课设计的流程更为丰富,额外增加了两个关键步骤,即脚本设计和媒体选择。其典型流程包括教学分析、教学设计、脚本设计、媒体选择与搭配,以及配套资源建设。然而,尽管增加了这些步骤,教学设计仍然是微课设计的核心内容。在微课的创作过程中,教学设计扮演着至关重要的角色,它直接影响着微课的表现效果、传播效力以及教学价值。因此,虽然微课设计流程有所变化,但仍然严格考验着教师的基本功和丰富的教学经验。

1. 教学分析

教学分析构成了教师踏上微课创作之路的首要步骤。在处理特定主题时,教师需展开有益的教材剖析、解构(以知识要点网格为基础)以及学生学情的周详分析。这一过程得以进一步加强,通过引入思维导图的手法,按照各章节的结构,构筑出完整的知识图谱,明晰地勾勒出各自对应的微课知识节点。微课知识节点涵盖了教学过程中的多个方面,诸如攻克难点、关键概念阐释以及习题演示等。教师在选择教学内容时要追求精炼,确保每一个微课集中探讨一个明确的知识要点。同时,教学思路应当简明扼要,避免内容烦琐或涵盖过多的知识要点,从而导致微课视频冗长,影响学生的学习效果。最终的成果将是基于思维导图的章节式知识图谱和相应的教学文案,为微课的精心塑造提供坚实的基础。

2.教学设计

对单个微课而言,对特定学习者进行有针对性的教学设计显得尤为重要。这种教学设计在形式上与传统的课时教学设计相似,但在规模上更为精炼,更具个性化。事实上,教学设计被认为是微课设计制作过程中的核心环节,因为它直接引导着智慧型教师如何引领学生的学习。对于教学设计的具体构建,可以借鉴课时教学设计的相关格式,从中汲取经验,使得每个微课都能在紧凑的形式中蕴含着最大的教育价值。

3.脚本设计

脚本设计又被称为镜头脚本,操作性至关重要,对教学设计和微课制作起着直接决定性的作用。它作为连接文字内容与立体视听微课的纽带,在教学过程中扮演着关键角色。其主要任务在于根据深入的教学分析和仔细设计的教学方案,巧妙地规划每一个镜头画面,合理规划配音与配乐,以突显教学的核心要点,从而形成一份富有行动力的文案。这一过程进而帮助塑造微课的内容呈现和风格展示等关键元素。其格式可以参考表5-1的样式,以达到最佳效果。

表5-1　微课脚本设计参考格式

画面编号	镜头角度	镜头	时长	画面内容	解说	字幕	备注
1	平视、俯视、仰视……	近景、中景、远景……	以秒计	画面效果截图或描述	相关内容解说配音	简要字幕	
2							
3							

4.媒体选择与搭配

在微课设计制作领域,有多样性的工具和媒体可供选择,其中以PPT录屏结合Camtasia Studio编辑最为常见。此外,还包括手机摄录、手绘、MG动画以及Storyline等。这些丰富多彩的形式为微课的创作提供了广泛的可能性。然而,在媒体的选择与搭配过程中,必须综合考虑微课的具体内容以及教学效果的突出展现。同时,画面的设计也扮演至关重要的角色,需要在保持美观大方的前提下，与所讲授的知识内容紧密契合。特别是针对不同学科的特点以及学生的心智状态，媒体的选择必须具有针对性，以充分展示和传达所需的知识要点。例如，在数学学科中，解题演示可能会采用微课录课笔作为工具，再经过 Camtasia Studio 编辑以达到最佳效果；而在化学学科，实验模拟则可以借助 MG 动画，并结合 Storyline 软件的编辑，从而实现出色的授课效果。因此，媒体的选择在微课设计中扮演着至关重要的角色，它不仅仅是一种工具，更是一种创意的表达方式，能够巧妙地将教学内容与视觉呈现相融合，为学习者提供深刻而富有趣味性的学习体验。

5. 配套资源建设

微课的内涵不仅限于简单的微课视频，而是广泛地涵盖了教学设计、导学案、教学素材、教学课件、微反思以及微练习等多个要素。这些教学资源的综合运用构筑了一个主题明确且内容完整的微型课程，共同营造出一个真实而丰富的"微教学资源环境"，为学习者提供了更为灵活多样的学习体验。

第三节　微课的教学设计

微课教学计划作为微课制作前的关键准备阶段，为后续的微课制作打下了坚实的基础。在这一阶段，主要任务涵盖了明确教学目标、精选教学内容以及构建最合适的教学模式等要素。通过精心设计的微课教学计划，制作者能够有条不紊地步入微课制作的过程，确保整个制作过程的有效性和高质量。

一、微课设计原则

微课的受众广泛，涵盖了各类学习者，无论其学习动机如何，微课的核心理念始终以学习为中心。这一教学模式以视频为主要呈现形式，借助网络广泛传播，为学习者提供了自主观看、自主学习的便捷途径。因此，微课的质量评价紧紧依赖于学习者的直观体验和感受。对于高质量的微课而言，其优势在于前期的策划与设计，这需要满足以下三个基本要素。

1. 结构完整

尽管微课所呈现的是碎片化的知识,然而这些碎片却有着组合成完整学科体系的潜能。在构建微课内容的过程中,必须巧妙地处理零散元素与整体结构之间的互动关系。同时,还需要对这些零散的知识进行精准的分解,以确保思维逻辑的清晰性、内容架构的紧凑性,以及知识要点的逐层递进性。这样的设计不仅有助于保持学习者的兴趣,也能够促进他们对于深层次概念的理解与掌握,从而实现对知识体系的全面建构。

以学习 Photoshop 软件应用为例,若初学者在第一堂课就被要求绘制复杂的平面设计图,这样的安排显然不合适。在尚未熟悉软件工具如何操作的情况下,对学员而言,直接进行设计绘制可能会丧失其学习的积极性,结果无疑是不尽人意的。更为科学的方法是,首先要安排一系列课程,引导学员了解 Photoshop 软件的基本操作,诸如软件界面的结构、常用工具的使用方法以及这些工具在设计过程中的具体应用等。在学员掌握了一定的绘图基础后,再逐渐推进实际操作案例的学习,以此来巩固所学知识。这种渐进的教学思路更有助于学员建立起扎实的软件应用基础,从而在实际设计中能够更加自信和熟练地运用所学技能。

因此,在规划初期的设计阶段,需要精心挑选合适的学习主题。这不仅需要确保知识结构的完整性,还需思考如何确保每个独立的知识要点在内容上相互衔接。唯有如此,学习者方能在知识的积累过程中,将已获得的知识与新信息有机地融合,从而主动构建起一个更为完善和全面的知识架构。

2. 内容实用

微课的终极目标在于激励学习者将所学知识付诸实践,确保他们能够真正做到学以致用。这不仅意味着学生能够在学术上取得进步,而且职场人士也能借此机会不断提升现有技能,不断扩展自己的知识领域。然而,在制作微课的过程中,许多教师常常忽略了一个重要的层面,即从学习者的角度出发来审视教学内容,满足他们的学习需求和视听感受。优质的微课应当深入剖析学习者的特点,运用与学习者一致的思维方式来组织教学内容,从而更好地实现知识的传递与理解。

在微课中,学习者主要渴望获取知识和技能的实质性内容,而教师则有机会通过结合学习者的兴趣和疑惑,将教学内容巧妙地分解为一系列小问题,并沿着学习者提出的问题线索有条不紊地进行讲解,引导学习者逐步深入学习。与教学内容无关的传统环节,如课堂提问、小组讨论以及课堂测试等,在微课模式中可以毫无顾忌地省略,让教学更加精炼而集中。这种以学习者为中心的方法,能够更好地满足他们的学习愿望,促使知识和技能得到更为高效的传授。

3. 内容有趣

微课虽然能够为学习者提供自主学习的机会,但其约束力相对较弱,稍不留神便可能导致注意力的分散。为了确保微课能够达到最佳的教育效果,在录制过程中需特别注意教学内容的易理解性和趣味性。从学习者的兴趣出发,可以运用讲故事的方式来引导学习者深入理解本节课所要解决的问题以及既定目标。同时,用通俗易懂的语言解释那些复杂而抽象的概念,从而使得学习过程更加流畅。这种方式能够更有效地吸引学习者的注意力,同时也能够更好地加深他们对所学内容的印象。这样一来,微课的学习体验将更为丰富且有益。

当然,在有限的时间内成功讲述一个引人入胜的故事并非易事。这个故事并不需要穷尽所有细节,而是着重突显一些关键元素,如生动的场景描写和逼真的对话交流等。同时,戏剧性的冲突也是不可或缺的,它能够有效地将观众吸引进情节,从而在通过冲突传达知识要点的过程中实现教育的目标。

在设计微课时,除了满足上述提到的三个基本要点外,还应充分考虑视觉呈现的美感以及语言表达的简洁性。若使用书写板书进行微课录制,务必确保书写流畅工整,布局得当,以保证视觉效果的清晰与整洁。对于采用PPT课件制作的微课,版式的设计应追求简明扼要,色彩的搭配要和谐统一,以营造舒适的学习氛围。在录制过程中,语言表达要力求简练明了,直截了当地传达信息,切忌枯燥宣讲。综上所述,微课设计不仅关乎教学内容,更涉及视听享受与信息传达的双重平衡。

二、微课教学设计

教学设计作为一项关键性工作,依据课程标准的要求以及学习对象的特点,有条不紊地策划并安排教学的各个要素,进而构思出切实可行的教学方案。尽管微课与传统课堂形式不同,但在其制作过程中同样需要深入进行教学设计,以确保所创作的微课能够更加精准地达到预期目标。

1. 确立教学目标

微课教学设计的基础在于明确的教学目标,它不仅是教学活动的起点,也是最终的归宿,为微课制作的全过程定下了明确的航向。教学目标的确立需综合考虑学习者的认知水平和心理特点,精心挑选与之相契合的教学目标和教学方法,从而达到最佳的教学效果。

2. 选择教学内容

在教学过程中,教学内容充当着主要信息的传递媒介。在精心挑选教学内容时,教师需要以教学的有效性以及学习者的学习需求为依据,确保所选内容既契合教学目标,又能够切合学习者的认知水平。在制定教材时,可以从以下几个角度出发,为教学内容的合理选择提供指引。

(1)可以选择涵盖范围相对较小的主题,这样在有限的教学时间内能够全面而详尽地阐述,确保知识传递的完整性。

(2)从学习者的实际情况出发,根据他们的年龄、背景和已有知识,选择与其认知水平相匹配的内容,使教学内容更易于理解和吸收。

(3)应当聚焦于核心要点,将重要概念和信息突出呈现,以促进学习者对关键内容的深刻记忆与理解。

(4)在教学内容的构建中,需要挖掘内在的逻辑关系,将各部分内容有机地连接起来,以增强微课的系统性与完整性。这样做有助于学习者更好地理解知识的结构与内涵,形成知识体系的完整图景。

总之,选择教学内容不仅要考虑知识的传递效果,还需充分关注学习者的学习需求和认知特点,从多个角度进行审视和调整,以确保教学内容的准确性、实用性和教学效果的最大化。

3. 构建教学模式

在确立清晰的教学目标和具体教学内容之后,紧接着需要深入思考教与学的实际执行方式。在微课设计的过程中,选择适宜的教学模式显得尤为关键。这个环节的抉择将直接影响到知识传授的效果和学习体验的质量,因此需要经过慎重的权衡和策划。

教学模式是在特定教学思想和教学理论的引导下形成的,旨在实现明确教学目标和内容的一种相对稳定的教学活动结构框架和程序。其特点包括明确的指导方向、操作性强的步骤、整体性的布局、稳定性的特质以及适度的灵活性。构建教学模式时,必须根据教学目标和内容的特性精心挑选适合的教学模式,以确保教学的有效性和高效性。

(1)情境化教学。通过有意识的情境设计,教师能够有针对性地构建多样化的学习场景,从而引导学习者将抽象的知识点与日常生活紧密相连。这种教学策略有助于深化学习者对知识的理解,因为他们能够在实际情境中亲身体验和应用所学内容。通过将课堂知识融入真实世界,教师能够激发学习者的学习兴趣,并促使他们更深入地思考和探究知识的意义与应用,从而更有效地实现教学既定目标。

(2)问题化教学。为了促进学习者的主动思考和积极探索,教师可以巧妙地将教学目标中的重点和难点转化为引人深思的问题。这一策略不仅有助于激发学生的好奇心和求知欲,还能够在教学过程中以提问解惑的方式巧妙地将各个教学内容有机地串联起来。通过将教学重点呈现为问题,教师在培养学生的批判性思维和问题解决能力方面发挥着关键作用。这种方法激发了学生积极思考的欲望,引导他们不再仅仅是被动的接受者,而是能够积极地构建知识,主动地与教材进行互动。在这种积极的教学环境中,学生们更有可能深入思考,主动探索,并从中获得更加丰富和深刻的学习体验。

(3)任务化教学。在微课的教学模式中,将学习任务与教学视频有机地结合起来,为学习者提供了一个更加富有成效的学习体验。通过在学习者观看完教学视频后引入相关的学习任务,鼓励他们积极主动地去探索和深化与视频内容相关的知识领域。这种学习策略不仅仅是简单的知识传授,更是引导学习者在学习过程中实现举一反三的思维方式,从而达到真正的学以致用和深度学习的目标。在这样的学习环境中,学习者被赋予了一项任务,这不仅有助于提高学习的效率,更激发了他们主动探索、自我发现的学习动力。因此,带着明确的任务进行学习,不仅提升了学习效果,还培养了学习者的自主学习能力,为他们日后的学习和实际应用打下了坚实的基础。

4.教学设计的三环节

前文已经简要探讨了微课与传统课堂教学的区别,微课作为一种新型教学模式,要求在短短的10分钟内将一个知识点讲解清晰、深入。为实现这一目标,必须在微课的设计与安排中妥善考虑教学的导入、讲授以及小结这三个关键环节。

（1）导入。教学设计中的导入环节至关重要。当引入新的知识时，必须以吸引人的方式解释学习的必要性以及知识的实际应用。通过精心设计的导入，可以迅速吸引学习者，激发学习兴趣。在微课教学中，常用以下几种导入方式。

1）情境导入法。在这种引导方式下，教师得以借助音乐、文字、动画以及图像等多种媒体元素，巧妙地构建与教学内容紧密相关的学习场景。这种情境化的设计能够引发学习者情感上的共鸣，从而在情感层面与学习内容产生共鸣，为进一步的学习铺平道路。这样的情感共鸣不仅仅是让学习者感到亲近和熟悉，更重要的是能够激发起他们对学习的兴趣和投入，使他们迅速沉浸于学习状态之中。这种情境引导的方法为教学注入了更多的情感因素，使学习变得更加具有情感意义，从而促进了学习者的深层次学习。

2）复习导入法。在这种导入方法中，教师可以通过多种方式帮助学习者进行知识点的回顾，如进行简要的知识回顾、针对性的提问，以及扼要的小结等。这些方法的共同目标是帮助学习者重新梳理旧知识，将新旧知识进行有机连接，从而有助于他们更好地进入学习状态。通过对旧知识的回顾，学习者可以温习已掌握的概念，同时在教师的引导下，将这些旧知识与即将学习的新内容相联系起来。这种联系的建立不仅有助于加深学习者对知识体系的整体认识，还能够在认知层面促进对新知识更快地理解和吸收。综合而言，这一导入方法在帮助学习者回顾旧知识、构建新旧知识的桥梁的同时，也为他们创造了更有利于学习的环境。

3）问题导入法。该导入方法的关键在于激发悬念。通常，教师会引入一个与教学内容直接相关且具有一定挑战性的问题，从而在学习者心中引发疑虑，激发他们的思考欲望，进而引导他们对教学内容展开探索。这种问题可能以一个引人入胜的情境为背景，或者通过提出一个令人着迷的问题来实现。无论形式如何，关键在于在学习者心中制造一种好奇心，鼓励他们主动参与到对知识的探索中。通过这种方法，学习者在尝试寻找问题答案的过程中，不仅能够更加深入地理解教学内容，还能够培养他们的自主学习能力和批判思维。这种悬念式的导入方法为教学注入了一丝神秘感，激发了学习者的求知欲，使他们更积极、主动地投入学习过程中。

4）实验导入法。此法通过直观的实验引导，学生得以深入参与并全身心投入于观察、思考以及实验分析之中。这种参与式的学习方式不仅仅是传递知识的载体,更是一种激发学习兴趣和探究欲的媒介。学习者在这样的教学氛围中,往往能够在情感上与所学内容产生连接,从而在整个教学过程中保持着较高的专注度。这一方法的关键在于其能够以一种启发性的方式,唤起学习者的好奇心和主动性,使他们不再是被动的知识接受者,而是积极参与探索与发现的主体。通过这种方式,学习者不仅在认知上获益,更在情感与意愿层面得到满足,从而实现了知识与兴趣的有机融合。

5)案例导入法。通过引入一个具体的典型案例情境来引发学习者的兴趣和思考。在这个过程中,通过对案例进行逐步分析和探讨,将抽象的教学主题转化为实际情境中的具体问题,从而有效地将复杂的概念简化为易于理解的形式。这种方法为学习者提供了一个实际案例的框架,帮助他们更加深入地理解和掌握教学内容,同时也激发了他们主动思考和参与讨论的动力。通过典型案例的引导,学习者能够在具体情境中进行实际的思考和应用,从而更好地将理论知识与实际问题相结合,提升了教学的实效性和互动性。

6)经验导入法。经验导入法是一种富有成效的教学策略,其核心在于以学习者自身的生活经验作为教学的切入点。这一方法的魅力在于它能够在教学过程中引发学习者的共鸣,从而有效地提升他们对教学内容的理解深度。通过将课程内容与学习者的实际经历和感受相连接,激发学习者的兴趣,使他们更加投入学习。这种自然的联系不仅能够加强学习者与教学内容之间的情感联系,还能够为他们提供一个更为贴近实际生活的学习背景,从而帮助他们更好地理解和吸收知识。经验导入法的精髓在于通过平易近人的方式,将抽象的概念和具体的经验融合在一起,从而为学习者构建一个更有意义和深刻的学习体验。

在实际的课程制作过程中,选择适合的导入方式需要紧密结合教学内容进行考量。不论采用何种导入方式,都应当秉持时间紧凑、简洁明了、内容衔接流畅以及目标明确等特点,以充分符合微课的核心理念,即"小而精"。这意味着在选择导入方式时,教育者需要权衡各种因素,确保导入部分不仅能够在有限时间内引起学习者的兴趣和注意,还应当能够精准地引导学习者进入课程主题。因此,在导入方式的设计上,应当追求简明扼要的表达方式,以便在短时间内激发学习者的好奇心,并顺利过渡到主要教学内容,以实现高效而有针对性的教学效果。

在实际的教学活动中,我们需要认识到存在众多不同的导入方式可供选择。针对这些导入方式,教育者有着广泛的选择和调整空间,以满足特定教学目标和学生需求。值得注意的是,这些导入方式各具独特的优点和特点,因此,教育者有必要进行深入的搜集和比较,以便更好地理解它们在不同教学场景下的适用性。通过这样的比较分析,教育者可以更准确地评估每种导入方式所能带来的教学效果,从而能够更有针对性地进行选择。因此,教育者在实践中需要灵活运用这些导入方式,并根据具体情况进行调整和创新,以确保教学活动的有效性和吸引力。

(2)讲授。在引入教学内容之后,接下来的关键是以流畅自然的方式过渡到讲授阶段。在这个阶段,教师有机会充分融入自己丰富的教学经验和个性化的教学风格,以在有限的时间内全面而深入地呈现知识要点。

1)在语言运用方面,教师应该追求精练且准确的表达。当然,在精练的基础上,语言若幽默风趣也能够极大地提升教学效果。通过巧妙的表达方式,不仅能够引起学生的兴趣,还能够更好地传递知识内容。

2)在讲解具体内容时,思路的清晰明了是至关重要的。对于简单的内容,讲解应当简洁明了,不过多延伸。对于较复杂的内容,教师可以运用直观、形象、通俗易懂的教学手段,如利用文字、表格、图表、动画、实验、截取视频直播现场等,以便更好地让学生理解和接受。

3)对于启发式教学,教师还需要巧妙地设计互动环节,以激发学生的思考和参与。这些交互环节能够加深学生对知识的理解,同时也能够增强他们的学习兴趣。

总之,在讲授环节中,教师应当充分发挥自身的教学特长,同时也要善于提炼内容,将注意力集中在重点和难点内容上。掌控时间,确保内容的适度展开,不过多赘述。通过精心的设计和精练的表达,教师能够更好地促进知识的传递和学生的理解。

(3)小结。在视频的结束部分,留出1分钟或半分钟的时间,用以进行一次简洁的课堂知识点总结。这个关键环节具有不可或缺的重要性。在这个时间段内,可以对整节课的核心知识点、难点以及常见易错点进行精练的概括,同时对教授的步骤和思路进行有序的梳理。此外,这段时间也可以用来鼓励学生进行课后的深入思考,或者引导他们将所学内容与更广泛的领域进行有益的联系,从而起到点睛之笔的作用,将整节课的要点一一呈现,为学生的学习提供清晰的提纲。

5.教学过程设计

教学过程作为教师与学习者之间的关键互动,是指在教学任务的完成中,教师与学生进行认知和实践活动的过程。这一过程的构成主要包括教育者的教授和学生的学习两个不可或缺的要素。在教学过程中,教育者可以借助思维导图等可视化工具来更加生动地呈现知识结构和概念关系,从而促进学生的理解与记忆。以图5-1为例,它展示了思维导图在教学中的应用方式,通过节点和连接的方式,清晰地展现了知识点之间的联系,帮助学生更好地把握知识体系的全貌。这种教学策略不仅有助于教师更好地组织教学内容,也能够激发学生的学习兴趣,提升他们的思维能力和知识理解水平。通过在教学过程中采用这样的可视化手段,教师能够更加精准地引导学生的学习,创造出更具互动性和参与感的学习环境。

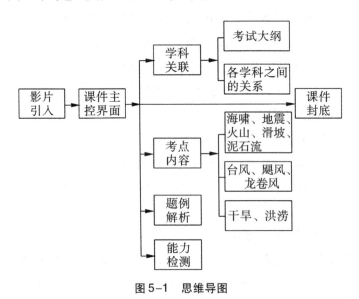

图5-1 思维导图

常见的思维导图有多种类型,包括圆圈图、树状图、气泡图、双气泡图、流程图、复流程图、括号图以及桥状图(图5-2)。每一种思维图示都因其独特的设计和特点而在不同情境下发挥着特殊的作用。这些图示形式在表达和整理信息时都拥有各自的优势,能够有效地辅助思维和概念的呈现,帮助人们更加清晰地理解和传达复杂的想法和关系。无论是展示层级关系、分类结构、时间流程还是因果关联,这些思维图示为表达和共享思考提供了有力的工具,有助于促进思维的开阔和信息的有序传递。

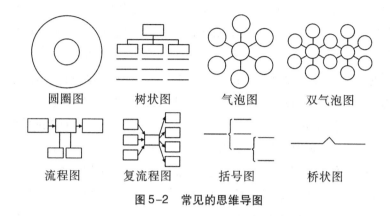

图 5-2　常见的思维导图

（1）圆圈图。圆圈图是一种有趣而富有创意的图形工具,它能够在一个简洁的结构中展现一个主题,并且通过将相关事物与之联想和描述,实现了思维的延展。以小圆作为主题的中心,而大圆则被用来容纳与这一主题紧密相关的各种事物（图 5-3）。这种图形工具常被应用于激发发散思维,其核心在于培养人们对问题的多角度思考以及对整体情况的把握。通过将不同的概念、想法或关联点有机地结合在一起,圆圈图可以激发创新灵感,帮助思维在多个方向上自由拓展。

（2）树状图。树状图通常被用于分类或分组不同元素,其中一个主题或概念与多个相关的类别相联系,而这些类别又可以进一步细分为具体的个体或事物。这种结构的目的在于将原本零散混乱的元素有机地连接和组织起来,为其赋予一种清晰的层次结构和秩序（图 5-4）。通过这样的图示,我们能够更好地理解元素之间的相互关联,从而将复杂的信息整合成更易于理解和管理的形式。

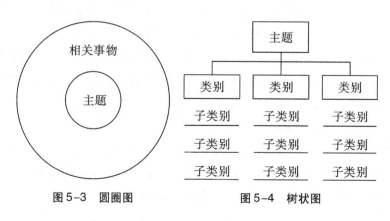

图 5-3　圆圈图　　　　　　图 5-4　树状图

(3)气泡图。气泡图作为一种图形表达方式,主要用于呈现某一概念的特征(图5-5)。与传统的圆圈图相比,气泡图更加侧重于对所讨论主题的特征进行深入描述。通过对这些特征的详细描绘,人们能够更加全面地理解主题的各个方面,从而加深对该概念的认知。而圆圈图则更倾向于呈现思维的扩散,它允许将所有与主题相关的想法、事物或概念进行汇总和归纳。这种思维扩散的方式有助于促进创造性思考,将所有可能的联想纳入考虑范围之内,从而为主题的探讨提供更广阔的思路空间。

(4)双气泡图。双气泡图在比较或对照两个事物的相似之处和差异方面具有独特的应用价值。通过这种图形呈现方式,我们能够更加清晰地捕捉到两个相似事物之间的联系与差异,实现对它们更为深入的理解(图5-6)。这种图示帮助我们在一个视觉框架内同时考量多个因素,从而更加便捷地进行综合分析。

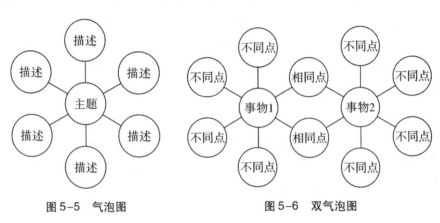

图5-5 气泡图　　　　　　图5-6 双气泡图

(5)流程图。流程图通常被广泛运用于传达事物的逻辑次序或步骤顺序(图5-7)。这种图形化的表示方式以其简洁明了的特点,被广泛运用于各个领域,用以展示复杂流程、程序或事务中各环节之间的关系与次序。通过图中的连线、箭头和节点,能够轻松理解事物发展的脉络和步骤间的关联。这种视觉化的方式使得复杂的流程变得更加易于理解,无论是在教育、科研、工程还是管理等领域,流程图都在帮助人们传递清晰的逻辑和操作顺序方面发挥着重要作用。

(6)复流程图。复流程图侧重于呈现因果关系,通常被广泛应用于分析复杂事件的根本原因以及随之而来的影响。在这种图示中,主要事件被放置在中央位置,事件的起因被安置在左侧,事件所引发的结果则位于右侧。这种图示方式并不要求起因与结果之间必然存在一一对应的关联(图5-8)。这一方法不仅能够帮助我们更加清晰地了解事件的因果关系,还有助于捕捉事件的多层次性质,从而更好地揭示事件之间错综复杂的联系。

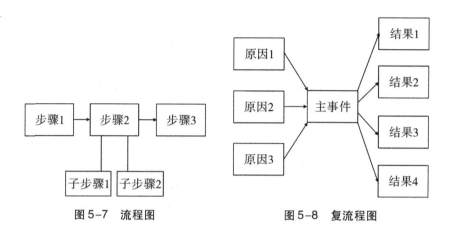

图5-7　流程图　　　　　　　图5-8　复流程图

　(7)括号图。括号图是一种有效的工具,有助于学习者深入分析和理解事物的整体结构以及各个部分之间的相互关系(图5-9)。通过括号图,学习者能够更加直观地把握事物的组成要素以及它们之间的层次关系,从而有助于建立起对于复杂概念或信息的全面认知。这种图示化的表示方式,将抽象的概念转化为可视化形式,使得学习者能够更轻松地理解和记忆信息,同时也为他们提供了一种系统化思维的工具,促使他们更深入地思考事物的内在逻辑。总之,括号图的应用为学习者的学习过程带来了便利与启发,帮助他们在探索知识的过程中更加游刃有余。

　(8)桥状图。桥状图是一种常用于进行类比和类推的图形工具(图5-10)。在桥状图中,通过在桥形横线的上方和下方分别罗列出具有相关性的一组事物,随后根据这些事物之间的相关性,进一步列举出具备相似相关性的其他事物,从而形成一种类比或类推的关系。这一图示方式充分利用了视觉化的特点,使得复杂的概念和关系得以直观地表达出来。通过将事物在图示中的相对位置和连线方式等元素结合起来,桥状图能够帮助我们更清晰地理解不同事物之间的共性和关联,进而为问题求解和概念理解提供更具深度的视角。

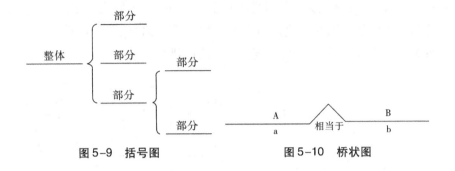

图5-9　括号图　　　　　　　图5-10　桥状图

6.教案编写要点

教案作为教师为实现每个课时的教学目标而编写的具体指导方案,在教学准备中具有重要地位。教案作为课前准备的重要组成部分,对于确保教学目标的有效达成以及教学任务的圆满完成扮演着基础性的角色。在创作微课教案时,不必过于追求面面俱到,而是应当基于学科的核心知识框架,聚焦于当前最迫切需要解决的问题展开深入研究和探索。在编写过程中,应当体现教师对所教学科领域的独特学术观点和积累的研究心得,从而为学生提供有价值的教育内容。

三、微课脚本设计

微课脚本作为微课的核心要素,充当着课程大纲的角色,为微课的教学内容提供了明确的发展路径。在着手制作微课的过程中,首要步骤便是准备一个精心构思的脚本。这个脚本不仅仅是一份简单的文本,更是教学设计的基石,为后续教学课件的制作、课堂引导和学习目标的达成提供了坚实的依据。通过脚本的细致规划,教师能够系统地组织教学内容,合理地安排知识点的呈现顺序,以及创造性地融入互动环节和案例分析,从而为学生提供一个深入而富有成效的学习体验。在整个微课制作的过程中,微课脚本无疑扮演着极其重要的角色,它是教学策略的起点,也是课程质量的保障。

1.微课脚本的重要性

脚本作为微课制作的基础,也是整个微课程的核心要素。借助脚本,我们能够以更高效和科学的方式来打造微课,从而赋予整个学习环节更强的计划性。优秀的脚本不仅能够赋予微课以更为严密的结构和层次,还能够为教师在后续的制作过程中提供清晰的指引,从而创造出引人入胜的微课效果。脚本的精心构思能够使微课在内容呈现上更加紧凑和清晰,为学习者提供更有条理的知识传递。因此,脚本在微课制作中具有不可替代的重要地位,其作用不仅仅是单纯的指导,更体现了微课教学的灵魂。

2.编写微课脚本

在制作微课脚本的过程中,可以遵循以下步骤,以确保内容的准确性和教学的效果。

第一,对微课的整体结构进行梳理,明确微课的构造框架。

第二,对涉及的知识点进行深入而全面的总结,确保微课内容的完整性和准确性。

第三,将内容分成合适的板块,并开始编写脚本,同时可以起草初步的课件设计草图以保持教学逻辑的清晰和有序。

第四,在实际讲课体验的基础上,对脚本进行反复优化和精简,以确保教学过程的流畅性和效率。

通过这一系列步骤,制作出的微课脚本将更具备系统性、逻辑性和实用性,有助于提升学习者的学习体验和成效。

3.分镜头脚本格式

分镜头脚本扮演着连接拍摄工作和后期剪辑的重要纽带,它是将文字脚本融入镜头语言的关键,透过对镜头细节的细致描绘,将剧本的情节一一呈现。在实际的现场拍摄过程中,分镜头脚本的存在使得拍摄团队能够事先规划好镜头构图,无须当场思索拍摄方式,只需按照预先制定的分镜头脚本进行直接拍摄。这种脚本不仅仅是文字脚本的简单转译,更是对影视语言的再创造,通过其特有的格式和细致描述,实现了从文字到镜头的跨越。这些脚本可以采用多种形式,如表格式、画面式(表5-2)。通过这种方式,分镜头脚本成了一种精要工具,既满足了剧情传达的需要,又为拍摄流程的高效进行提供了有力支持。

表 5-2　分镜头脚本格式

机号	镜号	景别	摄法	内容	台词	时长	音乐	备注
1								
2								
……								

在深入了解分镜头脚本的核心要素之前,让我们先对其中涉及的一些专业名词进行解析,以帮助读者更好地理解这一领域。

镜号:也被称为镜头顺序号,这是用数字标识电视画面中不同镜头的先后次序。尽管在实际拍摄过程中,镜头的拍摄顺序并不一定按照镜号进行,但在后期编辑时必须按照预定的顺序进行组合。

机号:代表着在现场拍摄时,每个镜头是由哪个摄像机来负责捕捉。

景别:涵盖了一系列类型,如远景、全景、中景、近景、特写等,它们在拍摄过程中的选择可以根据需要来呈现对象的整体特征或者突出局部细节。

通过理解这些专业名词,我们能够更加深入地探索分镜头脚本的要点,为电视制作过程中的顺利实施提供必要的指导。

四、微课制作方式

制作微课的方法多种多样,常见的包括使用 DV 录制、手机拍摄以及计算机屏幕录制等方式。在这个数字化时代,随着科技的不断进步,制作微课的方式也在不断丰富和演变。DV 录制提供了高质量的视觉效果和专业的后期制作选项,适用于需要更多视觉效果和场景切换的微课。手机拍摄则具有便捷性和即时性的优势,适用于日常生活中的实地教学或简单教学内容的录制。而计算机屏幕录制则适用于技术性或软件操作类的微课,能够清晰地展现操作步骤和界面内容。制作者在选择微课制作方式时,应根据微课的类型和教学目标来权衡各种因素,以确保最终制作出具有高效教学效果的微课内容。

1. 使用 DV 录制

DV 录制是一种常见的微课制作方法,其灵活性使其成为备受青睐的选择。这种拍摄方式克服了场地限制,让创作者在创作过程中拥有更多的自由度。无论是由多人协作完成还是独自一人完成,DV录制都能适应不同的制作模式。

在进入拍摄阶段之前,制作者需要提前准备好必要的拍摄工具,如数码摄像机、三脚架、麦克风等,同时还需要确保其他教学所需用具也准备就绪。随后,根据事先设计好的脚本,开始拍摄录制过程。完成拍摄后,制作人会借助视频剪辑软件进行进一步编辑。他们会添加片头片尾、字幕、音乐等素材,以及对录制的视频进行剪辑和美化,从而呈现出符合预期要求的高质量微课视频。

需要特别注意的是,如果选择进行多机位拍摄,有助于确保一次录制能够获得丰富的视频素材,以便在后期剪辑过程中更加灵活地进行编辑。这种方法不仅能够提高视频制作的成功率,还能够确保后期制作过程中有足够的素材可供选择。

2.手机拍摄

手机拍摄作为一种广泛采用的微课制作方式,具备显著的便捷性和适用性。这种方法对所需设备的要求相对较低,技术难度也相对较小,因此广大教师可以轻松上手。而且,这种制作方式并不受场地限制,教师完全可以选择在家中或教室内进行拍摄制作,使得其普及程度更为突出。

在准备拍摄之前,制作者需要预先准备手机、手机支架以及其他必要的拍摄工具和教学用具,以确保整个制作过程的流畅性。一旦准备工作完成,制作者就可以开始拍摄。拍摄完成后,可以借助各种视频编辑应用对拍摄素材进行修饰和处理,提升视频的质量和吸引力。最终,制作者可以将制作完成的微课视频上传到适当的平台,与其他教育从业者分享,从而共同促进教学资源的共享和交流,推动教育的创新与进步。

3.计算机屏幕录制

计算机屏幕录制作为一种广泛采用的微课制作方式,不仅操作简便,而且灵活便捷,赋予个人轻松实现微课创作的能力。这种制作方式的流行在于其便捷性,只需一台计算机即可开展创作过程。主要有两种常用的录屏方式,一是利用PPT屏幕录制,二是使用Camtasia录制。前者通过将PPT内容与讲解整合,创作者可以在自己熟悉的PPT环境中录制课程内容,使得制作过程更加熟悉和高效。后者则提供了更多的创作工具和选项,能够满足更高水准的制作需求，从而根据实际需要进行选择。这种灵活性使得计算机屏幕录制成为广大教育者和创作者的优选方式之一，为微课的制作提供了高效而便捷的途径。

（1）PPT 屏幕录制。自 PowerPoint 2016 版本以及其后续版本开始，一个引人注目的新功能是屏幕录制功能的引入。这一特性赋予了用户在演示内容中引入更多动态元素的能力。通过利用 PowerPoint 的屏幕录制功能，用户得以捕捉并记录计算机屏幕上特定区域的图像与音频内容，将软件的应用范围扩展至更为丰富多样的教学和演示场景。一旦录制完成，系统会自动将所捕捉的视听材料嵌入当前所编辑的幻灯片中，为演示增色不少。同时，这一功能也让用户可以将录制的视频保存为独立的文件，以更加便捷的方式进行微课制作和分享，进一步提升了内容创作和教学的灵活性。

（2）Camtasia 录制。Camtasia 是一款备受推崇的专业屏幕录制和编辑软件，以其出色的功能而闻名。其中，Camtasia Recorder 工具是该软件中的一颗璀璨明珠，专门用于捕捉精准的视频录制。在使用该工具时，用户可在直观的工作界面中进行必要的参数设置，一旦确定录制细节，只需轻触"录制"按钮，简短的倒计时结束后，便能顷刻间开始录制所需内容。

值得注意的是，除了 Camtasia 中的 Recorder 工具，还有一系列其他的屏幕录制软件供用户选择。诸如 PowerPoint 的屏幕录制功能以及 EV 录屏、oCam 等软件，皆是在屏幕捕捉领域的备选之一。用户可根据自身需求，在多种选择中挑选出最适合的软件，从而实现对屏幕内容的高效录制。无论是录制教学内容、制作演示视频，还是展示软件操作，这些软件都为用户提供了广泛的可能性，满足了不同领域的录制需求。

第四节　屏幕录制软件 Camtasio Studio 的应用

下面利用 Camtasia Studio 功能，对录制的视频进行编辑加工操作。

第一步：打开 Camtasia Studio 软件，执行"文件"→"导入媒体"命令，打开"打开"对话框，将"PR 闪屏效果.camrec"视频导入至剪辑箱（图 5-11）。

图5-11 将视频导入至剪辑箱

第二步:在剪辑箱中将该视频拖曳至时间轴中,在"方案设置"对话框中
选择"录制尺寸"选项,单击"确定"按钮(图5-12)。

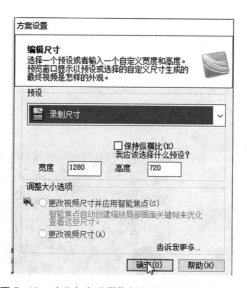

图5-12 在"方案设置"中选择"录制尺寸"选项

第三步:按空格键播放预览视频,在时间轴时上按住鼠标左键拖动播放
指针至合适位置,选择要删减的区域,点击✂按钮即可删除。

第四步：使用相同的方法，继续剪切多余素材。

第五步：选中"片头.jpg"素材文件，将其拖曳至时间轴起始位置，同时将"片尾.jpg"素材拖曳至时间轴末端（图5-13）。

图5-13　把素材文件拖曳至时间轴起始位置

第六步：执行"编辑"→"过渡"命令，打开"过渡"面板。选择"Fade（逐渐消失）"效果，并将其拖曳至时间轴→按钮处，为其添加视频过渡效果（图5-14）。单击"完成"按钮应用效果。

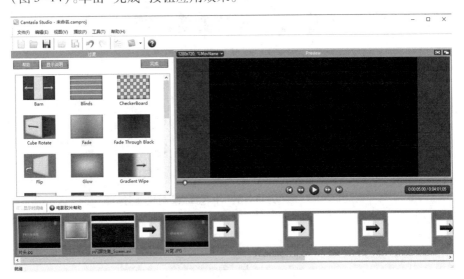

图5-14　添加视频过渡效果

第七步：执行"编辑"→"字幕"命令，打开"打开标题"面板，设置"宽度（字符）"为45。此时时间轴中将自动出现"标题"轨道。双击打开"字幕脚本.txt"素材文件，全选文字并将其复制，在"打开标题"面板中单击"粘贴"按钮，粘贴文字（图5-15）。

图5-15　编辑字幕

第八步：移动至第1行文字，单击"开始"按钮，据音频内容单击相应的文字行，添加标题点同步脚本字幕（图5-16）。

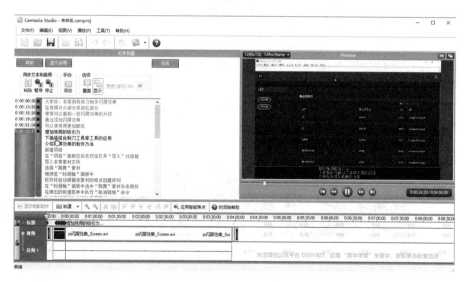

图5-16　添加标题点同步脚本字幕

第九步:重复操作,直至同步所有字幕。

第十步:单击"打开标题"面板中的"完成"按钮应用字幕(图5-17)。至此,完成录制视频的编辑。

图5-17 应用字幕

第五节 微课的学科应用

本案例利用 Camtasia 录制工具来录制 Photoshop 软件操作,其中包括录制视频、编辑视频以及视频导出等操作。

第一步:启动 Camtasia Recorder 工具,单击"Custom(自定义)"按钮,设置好录制尺寸大小(图5-18)。

图5-18 设置录制尺寸大小

第二步：单击设置区域中的"Audio（音频）"下拉按钮，在弹出的列表中选择"立体声混音"选项。

第三步：执行"Effects（效果）"→"Cursor（光标）"→"Highlight Cursor & Clicks（高亮光标和点击）"命令，设置录制时鼠标和点击高亮显示。

第四步：单击"录制"按钮，倒计时结束后开始录制。启动 Photoshop 软件，导入文件"女孩.jpg"素材。按照需求对当前图片进行处理操作。例如，复制背景图层、调整其混合模式为"滤色"、调整不透明度等（图 5-19）。

图 5-19 按照需求对当前图片进行处理操作

第五步：操作完成后，单击"停止"按钮，停止录制并打开"Preview（预览）"面板，预览视频效果。

第六步：单击"Save（保存）"按钮，将录制的文件保存至合适位置。双击在 Camtasia Studio 工具打开录制的视频，并将其拖曳至时间轴中。在"方案设置"对话框中选择"录制尺寸"选项，单击"确定"按钮将素材放置在时间轴中。

第七步：按空格键播放视频，并设置好要裁剪掉的区域，单击按钮删除该段时间段中的媒体。

第八步：将"片头.jpg"素材拖曳至时间轴起始处，将"片尾.jpg"素材拖曳至视频的末端。

第九步：执行"编辑""过渡"命令，打开"过渡"面板，将"Fade（发光）"效果拖曳至片段之间。单击"完成"按钮应用效果。

第十步:执行"编辑"→"字幕"命令,打开"打开标题"面板,设置"宽度
(字符)"为50。打开并复制"脚本.txt"素材,单击"打开标题"面板中的"粘
贴"按钮粘贴脚本。

第十一步:单击"开始"按钮,根据视频内容单击相应的文字行,添加标
题点同步脚本字幕,直至同步所有字幕。单击"打开标题"面板中的"完成"
按钮应用字幕。

第十二步:单击"生成视频为"按钮,打开"生成向导"对话框选择默认预
设,单击"下一页"按钮,设置输出格式为"AVI 视频"(图5-20)。

图5-20 设置输出格式

第十三步:单击"下一页"按钮,保持默认设置,单击"下一页"按钮,选中
"自定大小"单选按钮,设置尺寸与录制尺寸一致(图5-21)。

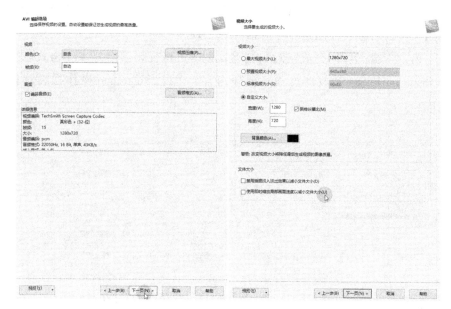

图 5-21　设置尺寸与录制尺寸一致

第十四步：单击"下一页"按钮，勾选"包含水印"复选框，单击"选项"按钮，打开"水印"对话框设置参数（图5-22）。单击"确定"按钮返回至"生成向导"对话框。

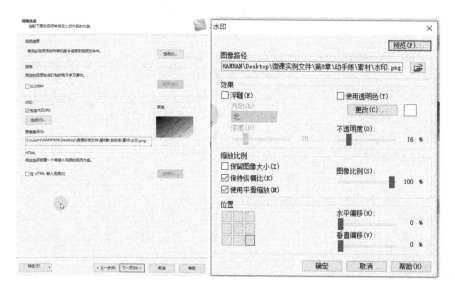

图 5-22　设置"水印"对话框参数

第十五步：单击"下一页"按钮，保持默认设置，单击"下一页"按钮，设置输出文件的名称及存储路径等信息（图5-23）。

第十六步：单击"完成"按钮，稍等片刻即可将视频输出为AVI格式。打开 Camtasia Player 播放器可预览视频内容。至此，Photoshop 操作视频制作完成。

图 5-23　设置输出文件的名称及存储路径等信息

第六章　现代教育技术环境及教学应用

现代教育技术的应用研究旨在借助先进的信息与通信技术,创新性地优化教育领域的教学与学习过程。通过系统性的数据分析与教育心理学原理的结合,研究者探索并设计多样化的教育工具与平台,以提升教学效果、个性化学习、培养创造性思维和批判性思维能力。同时,基于认知神经科学的观察,研究致力于优化教育技术的界面设计,以提升用户体验和知识吸收效率。现代教育技术的应用研究通过科学方法的运用,为教育体系注入创新活力,促进学习者在知识社会中的全面发展。

第一节　现代教育技术环境

现代教育技术环境以数字化学习工具、科技融入教学、自主学习、远程教育以及数据驱动决策为特点,深刻改变了教育方式和教育理念,为教育的创新和提升带来了广阔的机遇。它有助于提高教学效果、满足学生个性化需求、拓展学习机会,为未来教育的发展开辟了更多可能性。

一、数字化学习工具与平台

现代教育借助数字化学习工具和在线平台,如学习管理系统(Learning Management System,LMS)、远程教学工具,使学生可以在虚拟空间中获取教育资源、课程内容,完成作业和考试。现代教育通过在线学习、个性化教育、多媒体元素、社群交流等多种方式,丰富了教育体验,提高了学习效果,为学生和教师提供了强大的支持和便利。

1. 在线学习平台与资源

在线学习平台如 Coursera、edX、MOOC 等提供了丰富的课程资源,涵盖多个学科领域。例如,Coursera 上的各类法律课程为学生和专业人士提供了学习法律知识的机会。这些平台不受时间和地点限制,满足了不同学习需求的人群。

2. 教学管理系统

教学管理系统(LMS)如 Moodle、Canvas 等提供了课程管理、学习资源分享、在线作业提交、考试管理等功能。它们帮助教师组织教学过程,提供互动和反馈,使学习更加便捷和灵活。

3. 智能化学习工具

人工智能技术在数字化学习中得到应用,如自适应学习系统、智能辅导工具等。这些工具通过分析学生的学习表现和需求,提供个性化的学习路径和建议,帮助学生更高效地学习。

4. 多媒体与交互式资源

数字化学习工具能够通过多媒体元素(视频、音频、图像)和交互式内容增强学习体验。例如,在法学教育中,通过模拟案例、虚拟法庭等交互式资源,学生可以更加直观地理解法律原则和实践。

二、科技融入课堂教学

现代教育技术环境下,课堂教学越来越多地融入了科技元素,如互动白板、多媒体投影,以及移动设备的应用。教师可以通过图像、视频、音频等多媒体形式生动呈现知识,激发学生兴趣,提高教学效果。

1. 教学内容的多样性和丰富性

科技融入课堂教学可以通过多媒体、互动性强的教学软件、在线资源等方式,将丰富的教学内容呈现给学生。例如,通过视频、动画、虚拟实验等形式,可以生动地展示抽象的概念,提升学生的学习兴趣和理解深度。

2. 个性化教学的支持

现代教育技术可以根据学生的学习特点和需求,提供个性化的教学方案。智能化的学习系统可以分析学生的学习数据,根据学习进度和理解情况,调整教学内容和节奏。这有助于满足不同学生的学习需求,提升教学效果。

3. 互动与合作学习的促进

科技融入课堂教学可以通过在线讨论、协作工具、虚拟实验等方式,促进学生之间的互动和合作学习。例如,学生可以在线讨论问题、共同完成项目,从而培养团队合作和沟通能力。

4. 反馈与评估的改进

科技融入教学可以提供更及时、准确的学生表现反馈。在线测验、作业提交系统等可以帮助教师追踪学生的学习进度和情况理解,及时调整教学策略。这有助于更好地满足学生的学习需求,提升教学效果。

三、自主学习与个性化教育

现代教育技术环境为学生提供了更多自主学习的机会。自主学习平台、在线教程等帮助学生根据自己的节奏和兴趣进行学习。个性化教育的理念也逐渐在教育中得到应用,通过技术收集学生数据,为每位学生设计适合的学习计划和资源。

1. 自主学习的特点与作用

自主学习是指学生在一定的指导下,根据自身的兴趣、需求和目标,自主选择学习内容、学习方式和学习节奏的过程。现代教育技术环境为自主学习提供了丰富的资源和平台,例如在线课程、教学视频、电子书等。学生可以根据自己的兴趣和学习风格,自由选择学习内容,更好地发挥个人优势,提高学习积极性。

2. 个性化教育的特点与作用

个性化教育强调针对每位学生的个体差异,根据学生的兴趣、能力、学习风格和发展需求,为其量身定制教学计划和教学资源。现代教育技术环境使得个性化教育更为可行,通过学习分析、数据挖掘等技术,教师可以更好地了解学生的学习情况,根据学生的表现调整教学策略,提供个性化的辅导和指导。

3. 教育技术在自主学习和个性化教育中的应用

现代教育技术环境中,各种在线学习平台、电子教材、教学应用等为自主学习和个性化教育提供了有力支持。例如,学习管理系统可以追踪学生的学习进度和表现,根据数据分析提供智能化的学习推荐。这些技术不仅能够提供学习资源,还可以根据学生的学习情况进行个性化的反馈和指导,帮助学生更好地实现自主学习和个性化发展。

四、跨时空学习与远程教育

现代教育技术允许学习跨越时空限制,促进了远程教育的发展。学生可以通过网络课程、在线研讨会等远程方式获取教育资源,消除地理限制,使教育更具普惠性。

1.技术支持下的跨时空学习

现代技术使学习不再受限于时间和地点。在线学习平台、教育应用和虚拟课堂等工具,使学生能够根据自己的时间和进度,自主安排学习,实现异地跨时学习。

2.远程教育的灵活性与个性化

远程教育打破了地理限制,使学习者可以在不同地区、不同时区进行学习。这种灵活性有助于满足不同学习者的需求,例如职场人士、家庭主妇等可以根据自身时间安排学习。同时,远程教育也能够更好地适应学生的学习进度和兴趣,实现个性化教育。

3.教学设计与学习体验

在现代教育技术环境中,跨时空学习和远程教育要关注教学设计和学习体验。教育者需要创新教学方法,适应线上环境的特点,借助多媒体、互动性等手段提升教学质量。学习者则需要培养自主学习的能力,适应线上学习的学习模式,如有效利用在线讨论、实践任务等来增强互动性和深度学习。

五、数据驱动决策与教育评估

现代教育技术环境下,大数据和数据分析技术的应用为教育决策和评估提供了支持。学生学习数据、评估结果等信息被用于制定更有效的教学策略,为提升教育质量提供依据。

1.教育数据的收集与分析

现代技术为教育提供了广泛的数据来源,如学生学习成绩、出勤记录、在线学习行为等。教育机构可以通过学习管理系统、在线测验等手段收集这些数据,并运用数据分析工具进行深入挖掘。例如,分析学生的学习轨迹和表现,可以识别学习难点,及时调整教学策略。

2.个性化教学与干预措施

数据驱动的教育可以为学生提供更加个性化的学习体验。通过分析学生的学习数据,教师可以了解学生的学习习惯、兴趣和弱点,进而针对性地设计教学计划。例如,基于学生的学习数据,推荐适合的教材、练习和课程,提高学习效果。

3.教育政策制定与改进

教育数据分析有助于制定更科学的教育政策和改进措施。教育决策者可以通过分析大规模的教育数据,了解教育体系的状况、趋势和问题。例如,通过分析教育数据,政府可以调整课程设置、改进教师培训,以提高整体教育质量。

4.教育评估与质量保障

数据驱动的教育评估可以更加客观地衡量教育质量和学生表现。通过收集学生的学习数据和表现指标,可以进行综合评估,发现教育体系中的问题并及时改进。例如,教育机构可以基于学生的数据,制定教学评估指标,从而更准确地评估教师的教学质量。

第二节　现代教育技术在教学中的应用

现代教育技术在教学中扮演着不可或缺的角色。通过引入数字化工具和创新的教育方法,教师能够提供更个性化、互动性强的学习体验。虚拟教室、在线教育平台以及教育应用程序的出现,为学生提供了远程学习和自主学习的机会。同时,多媒体资源、教育游戏和模拟实验等技术手段,丰富了教学内容,激发了学生的兴趣。现代教育技术还促进了跨文化的国际交流,让学生从全球范围内获取知识。然而,有效的整合和教育技术的恰当使用是至关重要的,以确保技术在教育中发挥最大的价值,培养学生的综合能力,引导他们适应日益多样化和数字化的世界。

一、翻转课堂

翻转课堂(Flipped Classroom)是将传统的教学模式颠倒过来,将课堂内外学习环境进行重新分配。学生在课堂之前通过预习视频、阅读材料等方式自主学习,然后在课堂上与教师和同学一起讨论、解决问题。这种模式强调课堂变成了互动和合作的空间,促进了学生的主动学习和深度思考。

1.教学模式变革

翻转课堂是一种颠覆传统教学模式的方法,强调学生在课堂外进行知识学习,而将课堂内的时间用于深入讨论、互动和实践。教师通过录制教学视频、编写教材、设立在线资源等,提供学生自主学习的材料。学生通过预习,获取基础知识,然后在课堂上进行更深入的探讨和应用。

(1)角色转变与学生主导。传统课堂中,教师主导教学,而在翻转课堂中,教师的角色转变为设计者和引导者,学生则成为学习的主体。学生在课前通过预习视频、阅读材料等方式获得基础知识,而课堂时间用来解决疑难问题、讨论案例,促进深层次的学习。这种转变有助于激发学生的学习兴趣,培养自主学习能力。

(2)个性化学习与灵活性。翻转课堂允许学生根据自身情况安排学习时间,根据自己的节奏进行学习。每位学生可以根据自己的理解程度选择深入学习或巩固基础,从而实现个性化的学习过程。这种灵活性有助于满足不同学生的学习需求,提高学习效果。

(3)互动与合作学习。翻转课堂强调课堂时间的互动与合作。学生在课堂上可以进行讨论、小组活动、案例分析等,通过与同学互动,共同探讨问题,促进思维碰撞。这种合作学习可以培养学生的团队合作能力、解决问题的能力,提升思维水平。

(4)应用与实践导向。翻转课堂注重将理论知识应用到实际情境中。学生通过预习了解基础知识后,课堂时间可以用来分析案例、解决问题,更好地将理论与实践结合起来。这有助于培养学生解决问题的能力,增强课程的实用性。

2.学生主动学习

翻转课堂注重激发学生的主动学习兴趣。学生通过自主学习,学会批判性思维、具备问题解决能力和合作能力。在课堂上,学生可以参与讨论、提出问题、解决问题,从而更好地理解知识和应用知识。

(1)提升批判性思维和问题解决能力。翻转课堂鼓励学生在课前自主学习,课堂时间用于深入探讨和实践。学生需要积极思考和分析课程内容,提出问题并参与讨论,这有助于培养学生的批判性思维和问题解决能力。学生在课堂上能够更深入地探究问题,与同学互动交流,拓展思维。

(2)个性化学习和自主管理。翻转课堂强调学生个体差异,因此,每个学生可以根据自己的学习进度和兴趣进行学习。这样的个性化学习有助于激发学生的自主学习意愿,培养自我管理和自主学习能力。学生在选择学习材料、安排学习时间等方面逐渐培养起自我管理的能力。

(3)实际应用和合作学习。翻转课堂模式强调实际应用,课堂上的活动更加注重解决实际问题和案例分析。学生在小组合作中共同探讨、分享想法,促进合作学习。这有助于学生将理论知识应用到实际情境中,提高知识的实用性。

(4)提高自主学习能力和学习动力。学生在翻转课堂中需要自主预习、思考和课后复习,这培养了他们的自主学习能力。同时,学生在课堂上积极参与互动,得到及时反馈,这能够增强学习的成就感和动力,提高学习效果。

3.个性化教学

现代教育技术使教师能够根据每个学生的学习进度和兴趣,提供个性化的学习资源和辅导。通过在线平台,教师可以跟踪学生的学习情况,根据学生的表现进行有针对性的指导。

(1)学习差异的关注。个性化教学关注每位学生的学习差异,充分尊重学生的多样性。例如,某个学生在某一领域可能已经具有较高的理解能力,而另一个学生可能需要更多的辅导。通过翻转课堂,教师可以为学生提供适合他们水平和需求的学习材料和活动,促进每个学生的个体发展。

(2)自主学习与探究能力的培养。个性化教学鼓励学生主动参与学习,培养他们的自主学习和探究能力。在翻转课堂中,学生事先通过学习资源了解基础知识,课堂时间则用于深入讨论和解决问题。这有助于激发学生的好奇心,培养他们主动掌握知识的意愿和能力。

(3)客观评价与反馈。个性化教学强调对学生学习情况的客观评价和及时反馈。教师可以根据学生在课前学习的情况,精准了解他们的掌握程度和困难点,进而在课堂上有针对性地引导和辅导。这有助于避免学生在困难点上滑坡,同时提供针对性的支持,促进学习效果的最大化。

(4)合作学习与交流机会。个性化教学并不排斥合作学习,反而通过合作学习促进学生之间的交流与合作。在翻转课堂中,学生可以在课堂上一起探讨问题、分享见解,促进彼此的思维碰撞,加深彼此的了解和认识。

4. 深化学习体验

翻转课堂将课堂内外的学习紧密结合,使学生在课堂上能够更深入地理解和应用知识。例如,通过案例分析、实验、小组讨论等方式,让学生积极参与、互动交流,增强学习体验。

(1)主动学习与批判思维。预习使学生在课堂前自主学习,通过阅读、观看视频等方式获取基础知识。这让学生在课堂上不再是被动接受知识,而是可以更深入地思考和讨论问题。学生在课堂上可以提出问题、解答疑惑,促进批判性思维和深入思考,从而达到更高层次的学习。

(2)实践与应用。在翻转课堂中,课堂时间可以用来进行实践性的活动、案例分析、小组讨论等。学生不仅仅停留在理论层面,还能将所学知识应用到实际问题中,培养解决问题的能力。

(3)增强学生合作能力。翻转课堂鼓励学生在小组内讨论和合作。学生可以在课堂上一起探讨问题、分享观点,从而提高了合作与交流能力。这种合作可以促进彼此之间的学习互助,使学生在集体智慧中共同成长。

(4)反思与评价。在课堂结束后,学生可以对课堂内容进行反思和总结,这有助于加深他们对知识的理解。教师也可以通过观察课堂上的学生互动和表现来评估学生的学习情况,进行有针对性的指导。

5. 提升教学效果

翻转课堂的教学模式能够提高教学效果。学生通过预习获得基础知识,课堂时间可以更充分地用于高层次思维活动。这有助于学生更深入地理解和应用知识,提升学习成果。

(1)深化学习理解。翻转课堂将传统的课堂授课转移到课前学习,让学生在课前通过阅读、观看教学视频等方式获得基础知识,为课堂时间创造更多讨论和互动的机会。这有助于学生主动掌握基础概念,课堂上可以更深入地探讨问题、解决问题,促进学生对知识的理解和运用。

(2)促进批判性思维。翻转课堂强调课堂上的讨论、问题解决和案例分析,激发学生的批判性思维能力。学生在事先学习了基础知识后,能够更自主地参与课堂讨论,提出问题,分析现实案例。这有助于培养学生的分析、判断、评价能力,提高问题解决的能力。

(3)个性化学习支持。翻转课堂鼓励学生在课前自主学习,因此教师可以更加了解每位学生的学习进度和问题。在课堂上,教师可以有针对性地回答学生的问题,提供个性化的指导。这样的教学方式更能满足不同学生的学习需求,促进学生的个性化发展。

(4)提升参与和合作。翻转课堂通过讨论、小组活动等形式,激发学生积极参与和合作的意愿。学生在课堂上更多地扮演了主动学习的角色,与同学互动、分享观点,共同解决问题。这有助于提高学生的合作能力、沟通能力和团队协作能力。

6.教师角色转变

翻转课堂使教师从传统的知识传授者转变为指导者和引导者。教师需要更多地关注学生的学习进程,提供有针对性的指导,激发学生的学习兴趣和创造力。

(1)教学设计与资源准备。在翻转课堂中,教师不再是传统意义上的知识传授者,而是扮演了教学设计者和资源准备者的角色。教师需要精心设计课程结构、制定学习目标,并为学生准备相关的学习资源,如预习材料、教学视频等。这要求教师具备更强的课程设计能力和教育技术应用能力。

(2)学习指导与个性化支持。翻转课堂强调学生的主动学习,教师需要更多地扮演学习指导者的角色。教师不仅要鼓励学生进行预习和自主学习,还要在课堂上针对学生的问题和疑惑进行解答和指导。这要求教师具备较强的沟通能力和个性化教学的能力,能够根据学生的不同需求提供针对性的支持。

(3)课堂引导与互动促进。在传统课堂中,教师通常是主导者,而在翻转课堂中,教师更多地充当引导者的角色。教师需要在课堂上引导学生讨论、合作,提出问题,进行思维激发,以促进学生的深入思考和互动交流。这要求教师具备更强的课堂管理和互动引导能力。

(4)实践与应用指导。翻转课堂强调知识在实际应用中的价值,教师需要更多地关注学生的实际操作和应用能力培养。教师可以设置实践任务、案例分析等活动,引导学生将所学知识应用到实际情境中。这要求教师具备实践经验和跨学科的知识背景。

二、慕课

慕课(Massive Open Online Courses)是通过互联网平台提供的大规模开放课程,学生可以随时随地参与学习。慕课在教育领域具有广泛的影响,它通过普及教育资源、个性化学习、职业发展等方式为学生提供了新的学习机会,同时也面临着互动、自律、评估等方面的挑战。慕课的兴起推动了教育创新,为教育模式的多样化发展提供了契机。

1.特点

慕课通过网络平台提供学习资源,学生可以根据自己的时间和地点自主选择学习。这种灵活性使慕课受到了学生的欢迎。同时,慕课通常采用多媒体教学手段,结合视频、音频、文本等,丰富了教学内容,提高了学习体验。

(1)大规模和开放性。慕课通过互联网技术实现大规模教学,可以同时吸引数以千计的学生参与学习,打破了传统教育的时空限制。慕课通常是免费的,对学生开放,使得更多人可以获取高质量的教育资源,提高学习的普及程度。

(2)异质性学生群体。慕课吸引了来自全球不同国家、不同背景的学生参与,形成了异质性的学习群体。这样的多样性可以促进不同文化、观点的交流,丰富学习经验,提升学生的全球视野。

(3)自主学习和灵活性。慕课通常采用自主学习的模式,学生可以根据自己的时间和进度自由学习。课程内容以视频、文字、测验等形式呈现,学生可以根据自身情况选择合适的学习方式,提升学习的灵活性。

(4)资源丰富和互动性。慕课通常提供丰富多样的教学资源,包括视频讲座、教材、练习题等。同时,许多慕课也鼓励学生之间的互动,通过在线讨论、社交平台等形式促进学生间的交流和合作。

2.作用

慕课在教育领域的作用是多方面的,从普及教育、提供灵活学习方式、培养学习能力,到推动跨学科和终身学习,都在积极地改变着教育模式,为学习者和社会带来了积极影响。

(1)促进教育普及与平等。慕课通过网络平台使教育资源能够跨越地域和时间限制,降低了教育获取门槛。学习者可以随时随地访问课程内容,克服了传统教育的时空限制。例如,Coursera、edX等平台提供了世界各地优质大学的课程,使学习机会更平等。

(2)提供灵活学习方式。慕课以自主学习为核心,学习者可以根据自己的兴趣和时间安排学习进程。这种灵活性满足了不同学习者的需求,允许他们在兼顾工作、家庭等其他活动的情况下获得知识。例如,学习者可以根据自己的进度完成课程,自主安排学习时间。

(3)提高学习技能和自主学习能力。慕课鼓励学习者主动参与、独立思考、解决问题,培养了批判性思维、问题解决能力和自主学习能力。学习者需要通过在线讨论、作业、项目等方式参与互动,这有助于他们培养合作、沟通和创新的能力。

(4)推动跨学科和终身学习。慕课平台聚集了来自不同领域的课程,学习者可以跨学科地获取知识。这有助于拓展学习者的视野,培养跨领域思维。同时,慕课也鼓励终身学习,学习者可以随时获取新知识,跟上社会和科技的发展。

3.挑战

慕课面临学习动机、交互性、质量控制、学习效果认可以及数字鸿沟等多方面的挑战。解决这些挑战需要平台提供更好的学习支持、教学设计、评估机制和证书认可体系,以及社会各界共同努力推动在线教育的发展。

(1)学习动机和自律挑战。慕课学习的自主性和灵活性使学生需要具备良好的学习动机和自律能力。然而,部分学生可能因缺乏亲师互动、面对面的学习氛围以及即时反馈而产生学习动力不足的问题,影响学习效果。例如,学生在没有正式学校环境的情况下,可能更容易放松学习纪律,导致学习效果不佳。

(2)交互与反馈挑战。慕课通常以在线视频、文字材料等形式呈现,相较于传统课堂,交互性和即时反馈受限。学生可能难以及时解决问题、获得实时互动,这对于理解复杂概念、纠正错误理解造成困难。例如,学生在自学过程中遇到疑惑,难以迅速获得教师的解答和指导。

（3）质量控制和评估挑战。慕课平台上的课程数量庞大，但质量良莠不齐。缺乏统一的质量评估标准和监管机制，可能导致一些课程的内容、教学方法和评估体系不够科学和严谨。例如，某些慕课课程可能存在知识内容不准确、教学设计不合理等问题。

（4）学习效果和证书认可挑战。慕课学习的学习效果难以量化和证明，特别是在没有严格的考试和测评体系的情况下。一些慕课平台提供了证书，但在就业市场上的认可度和竞争力相对较低。例如，用人单位可能更倾向于认可传统高校毕业生。

4.教育创新的表现

慕课作为一种教育创新模式，在灵活性、全球性、学习方式、个性化等方面都带来了重要的变革。它推动了教育的变革和创新，为学生提供了更多样化、自主化的学习体验，对于现代教育的发展具有深远影响。此外，慕课还催生了"翻转课堂"等新的教学模式，提升了学生的主动参与和深度思考能力。

（1）跨越时空限制的灵活性。慕课通过在线平台提供课程内容，学生可以根据自己的时间安排自主学习，无须受到地理和时间的限制。这种灵活性有助于解决传统课堂教学中的时间冲突问题，使学习更具个性化和适应性。

（2）全球化知识共享。慕课突破了地域限制，使得全球范围内的学生可以访问同一门课程。这有助于促进知识的全球共享和文化交流，同时也为学生提供了学习不同国家、不同文化视角的机会。

（3）强化自主学习和深度思考。慕课强调学生的自主性，学生需要自己管理时间、制定学习计划，并且在学习过程中进行深度思考并促进问题解决。这种自主学习培养了学生的学习能力和批判性思维，远离了传统教育中的被动接受。

（4）多样化的教学内容和方式。慕课提供了多种多样的教学资源，包括视频讲座、在线测验、讨论板等。教师可以灵活运用这些资源，创造丰富的学习体验，适应不同学生的学习风格和需求。

三、微课

微课（Microlearning）是一种简洁、高效的教学模式，通过短小精悍的教学内容,满足学生碎片化的学习需求。微课可以是短视频、小测验、图文资料等,适合随时随地学习。它有助于提高学习效率,避免信息过载,适应现代社会快节奏的学习需求。因第五章已介绍,此处不再详细论述。

四、创客空间

创客空间(Maker Space)是一个开放的创新环境,鼓励学生在其中进行实践、探索和创造。学生可以利用各种工具、材料和技术进行实际操作,从而培养创新思维和解决问题的能力。创客空间不仅在 STEM 教育中有应用,还可以促进学生的跨学科合作和实践经验。创客题材具有八个要点(表6-1)。

表6-1　创客题材的八个要点

要点	具体内容
课题的切身性	调动学生的积极性,并与实践相结合
课题的复杂性	促使学生用多个学科的知识来合作完成
充足的资源	充分利用各种资源为学生创造条件
互动和合作	取长补短、互相学习、分享信息
高强度	激发学生的自觉性和潜能
合理的时间安排	给学生提供充裕的完成时间/充分利用课余时间
分享教育	分享资源、分享知识、分享成果
新颖性	激发学生的创新精神、打破思维定式

在创客教育实践当中,信息技术起到了必不可少的作用,可以归结为"使能(Ena bling)"作用:使创客们由不能变为可能,由小能变为大能(表6-2)。

表6-2　信息技术在创客教育实践中的使能作用

搭建环境	硬件:计算机、数字传感、纵动器件;软件:资源搜索、开源软件、CAD 平台;集成器件:开源硬件平台;加工机具:CNC 机床、3D 机床
交流协作	学生间的远程交流;在线专家咨询
社会化评估	网络平台发布成果

创客空间作为一个创新生态系统的一部分,通过提供资源、设施、交流平台和培训支持等多方面的手段,促进了创意、创新和创业,推动了科技和社会的发展。

(1)资源和设施支持。创客空间提供了各种物理资源和设施,如工作台、工具、原材料、制造设备等。例如,3D 打印机、激光切割机、电子元器件等。这些资源使创意人士能够将想法快速转化为实际产品,降低创新门槛,推动创业项目的落地。

(2)跨学科交流与合作。创客空间汇聚了不同领域的创意人才,创客们可以在此互相交流、分享知识、合作创新。这种跨学科的交流能够促进不同领域的思维碰撞,催生出新的创意和解决方案。

(3)创新文化和创意思维。创客空间营造了一种积极的创新文化,鼓励人们尝试新的思路、挑战传统观念。这有助于培养创意思维,激发创新潜能。例如,Google 公司的 20% 时间政策就是鼓励员工在工作时间内进行自由创作和实验,推动了许多创新项目的诞生。

(4)创业培训与支持。创客空间通常提供创业培训、指导和资源支持,帮助创业者了解市场、商业模式、融资等方面的知识。例如,硅谷的孵化器如 Y Combinator 就为初创企业提供了资金、导师和资源支持,帮助他们快速成长。

(5)社区和网络。创客空间建立了创客社区,为创意人士提供了一个交流互动的平台。这种社区可以是线上或线下的,通过分享经验、解决问题,创客们能够互相支持、合作和共同成长。

五、电子书包

"电子书包"是指基于电子技术的数字化教育资源,其在教育领域有着广泛的应用。

(1)教育资源的数字化。电子书包将教材、课件、练习题等教育资源数字化,使学生和教师可以随时随地访问。例如,学生可以通过电子书包访问电子教科书、在线课程等,便于自主学习和复习。这种数字化特点提高了教育资源的可用性和灵活性。

(2)个性化学习支持。电子书包可以根据学生的学习进度和需求,提供个性化的学习支持。例如,一些电子书包应用可以根据学生的学习情况推荐适合的学习内容和练习题,从而更好地满足学生的学习需求。

(3)互动性和多媒体元素。电子书包通常包含丰富的互动性和多媒体元素,如视频、音频、动画等。这些元素可以使学习过程更加生动有趣,有助于吸引学生的注意力,提高教学效果。例如,一个电子书包中的交互式教材可以让学生通过点击、拖拽等方式参与学习。

(4)跨时空学习。电子书包可以随时随地访问,使学习不再受限于时间和地点。学生可以通过电子设备如平板电脑、手机等,随时随地进行学习。这种便捷性有助于学生合理安排学习时间,提高学习效率。

(5)节约资源。与传统纸质教材相比,电子书包可以减少印刷和运输成本,有助于节约资源和降低环境负担。电子书包的推广也符合数字化时代对于可持续发展和环保的需求。

(6)教育创新推动。电子书包促进了教育方式的创新,推动了教学模式的变革。教师可以更灵活地利用多样化的教育资源,设计更富有创意和互动性的教学内容,从而提升教学质量。

总之,电子书包作为数字化教育资源,具有教育资源数字化、个性化学习支持、互动性和多媒体元素、跨时空学习、节约资源和环保以及教育创新推动等多重特点和作用,为现代教育带来了诸多便利和变革,但教育成效尚存争议。

第七章

现代教育技术与学科整合

现代教育技术与学科整合是指将先进的科技手段融入传统学科教学体系中,以促进教育方法的创新与优化。通过结合计算机科学、数据分析、人工智能等技术,实现个性化的教学和学习过程,提升教育的效率和质量。这种整合使教育者能够更好地理解学生的学习需求和进展,从而为其量身定制教学计划,并为学生提供多样化的学习资源和工具。同时,教育技术也为跨学科研究和实践提供了平台,鼓励学生在不同领域进行深入探索与创新。总之,现代教育技术与学科整合为教育体系赋予了更强的适应性和发展潜力,推动了教育向更科学、个性化的方向迈进。

第一节 现代教育技术与学科整合概述

一、学科整合的概念

学科整合是指将不同学科领域的知识、概念和方法相互关联,形成有机的教学和研究体系,以促进跨学科思维和综合能力的发展。学科整合不仅有助于加强知识的连贯性和实际应用,还能够培养学生的综合能力、创新思维和跨学科视野。这种方法推动了教育的发展,为培养适应未来需求的人才提供了有效途径。

1. 维护知识的连贯性

学科整合的一个重要方面是维护知识的连贯性,这涉及将不同学科的知识有机结合,确保学生能够在不同领域间建立有意义的联系。这种连贯性有助于弥补传统学科分割的不足,使学生能够更好地理解知识的内在联系和演化过程,有助于深化学生对知识体系的理解,提升他们的综合分析和问题解决能力。例如,在教授生态学时,可以将生物学、地理学、化学等相关学科纳入教学范围,帮助学生综合理解生态系统的形成与运行机制。

(1)学科整合通过突出共通点和交叉领域的概念,促使学生形成更加综合的认知。例如,在教授生态学和地理学时,可以探讨生态系统如何受到地理环境的影响,从而使学生了解地理与生态之间的紧密联系。这样的交叉学科教学有助于学生理解知识的多层次性,避免将知识片段孤立地看待。

(2)学科整合也可以通过案例研究或实际问题来展示不同学科的协同作用。例如,讨论城市规划时可以涵盖社会学、经济学、环境科学等多个学科,展示城市发展如何受到各种因素的综合影响。通过这样的实际案例,学生能够更好地理解学科之间的相互关系,同时培养跨学科思维能力。

(3)学科整合还可以强调知识的深层结构和核心概念,帮助学生建立更有机的知识框架。例如,在教授化学时,可以突出化学反应的动力学和热力学基础,从而为后续学习生物化学或工程应用打下坚实基础。这种纵向的知识整合有助于学生将学过的知识在更高层次上进行整合和应用。

(4)学科整合也需要强调跨学科项目和实践,鼓励学生在真实场景中涉足不同学科。例如,开展关于可持续能源的项目可以涉及物理、工程、经济等多个学科,通过实际操作促使学生将理论知识应用到实际问题中,进一步巩固不同学科之间的关联性。

2.促进综合能力培养

学科整合能够激发学生的跨学科思维和解决问题的能力。通过将不同学科的方法和概念融合,学生可以更好地应对现实生活中的复杂问题。举例来说,将数学、物理和计算机科学整合,可以培养学生在工程项目中分析、建模和解决实际问题的能力。

(1)跨学科交叉培养。教育技术促进了不同学科之间的交叉融合,激发了学生的跨学科思维。例如,通过使用虚拟实验室,学生可以在化学、物理和生物学等多个学科领域进行实验,从而培养了他们将不同学科知识整合应用的能力。

(2)个性化学习路径。教育技术能够根据学生的兴趣、学习风格和能力水平,为每位学生量身定制学习路径。这种个性化的教学方法鼓励学生在不同领域探索,并培养了他们自主学习和综合运用知识的能力。

(3)问题解决与创新能力。教育技术鼓励学生在解决实际问题时运用多学科知识。例如,一个关于环境保护的课题可能涉及科学、经济学和社会学等多个学科,通过综合应用这些知识,学生能够更好地分析问题并提出创新解决方案。

(4)多样化资源与合作机会。教育技术使学生能够访问各种形式的学习资源,如在线课程、数字图书馆等,这些资源涵盖了多个学科领域。同时,技术也促进了学生之间的跨地域合作,使他们能够与来自不同背景的同学一起解决问题,从而培养了团队合作和跨文化交流的能力。

3. 培养创新思维

学科整合为学生提供了更广阔的知识视野,激发创新思维。当学生从不同学科中获取灵感时,他们能够将新颖的想法应用于各自的领域,从而推动知识和技术的进步。例如,生物医学工程将生物学、医学和工程学整合,为医疗设备和治疗方法的创新提供了可能。

(1)跨学科视角的整合能够促进创新思维的培养。不同学科的交叉融合可以打破传统学科边界,激发学生探索新领域的兴趣。例如,结合生物学和工程学的知识,可以启发学生设计仿生机器人,从而培养他们将不同学科知识结合进行创新的能力。

(2)问题导向的学习模式有助于培养学生的创新思维。通过提出真实世界中的复杂问题,引导学生跨学科地思考解决方案,激发他们的创造性思维。例如,让学生围绕环境保护问题展开讨论,就可以激发他们从生态学、社会学、政治学等多个角度出发,思考创新的可持续发展方案。

(3)将学科知识应用于实际情境中能够培养创新思维的能力。学生通过将抽象的理论知识应用于实际问题的解决,不仅能够更深刻地理解知识,还能够培养将理论转化为实际创新的能力。例如,在化学课程中,学生可以通过设计环保型材料来将所学的化学原理应用于创新的材料研发。

4. 强化实际应用

学科整合使学生更容易将学到的知识应用于实际问题中。通过将理论概念与实际案例相结合,学生能够更深入地理解知识的实际应用价值。例如,环境政策的制定需要融合生态学、经济学、政治学等学科,以实现可持续发展目标。

（1）个性化教学。教育技术的融合使得个性化教学变得更加可行。通过数据分析和人工智能，教育者能够深入了解每个学生的学习习惯、弱点和优势，从而为其量身定制教学计划。例如，一些学校采用智能学习系统，根据学生的学习历史和表现，为其推荐特定的学习资源和练习，提高学习效果。

（2）跨学科教学。教育技术的整合鼓励跨学科教学，促使不同领域的知识相互交融。学生可以通过多样化的学习资源和虚拟实验平台，将理论知识应用于实际问题的解决，培养综合思维能力。例如，结合数学和物理知识，学生可以使用模拟软件进行复杂的物理现象模拟，加深对理论的理解。

（3）实践和创新。教育技术的应用提供了更多实践和创新的机会。学生可以通过虚拟实验、仿真项目等方式，在安全的环境下进行实际操作和探索。例如，医学院可以使用虚拟解剖软件，让学生进行人体解剖实验，减少对实际尸体的依赖，同时提升学生的解剖学习效果。

（4）互动与合作。教育技术的整合促进了学生之间的互动和合作。在线讨论平台、协作工具等能够让学生跨时空进行交流和合作，共同解决问题。例如，学生可以在虚拟团队中进行项目开发，通过在线会议和合作工具，实现远程协同工作。

5.培养全面人才

学科整合有助于培养具备多方面知识和技能的全面人才。这些人才在职业生涯中更具竞争力，能够更好地适应社会需求的多变。例如，将文学、历史和社会学整合，培养出既具有人文素养又了解社会结构的专业人士。

（1）学科整合通过将不同学科的知识和技能融合在一起，有助于提升学生的认知能力。例如，将数学、物理和工程学结合，可以培养学生在解决实际问题时运用多个学科知识的能力。通过这种综合性的学习，学生能够更全面地理解和应用知识，提高解决复杂问题的能力。

（2）学科整合有助于培养跨学科思维能力。在解决实际问题时，往往需要从不同的学科角度出发，综合考虑各种因素。例如，在环境问题上，需要涵盖生态学、社会学、政治学等多个学科的知识。通过学科整合，可以培养出学生跨越学科边界思考的能力，从而更好地应对复杂的现实挑战。

（3）学科整合强调解决实际问题能力的加强。现实中问题往往不会局限于某一个学科，而是涉及多个领域的交叉。学科整合鼓励学生在解决问题时运用多学科知识，促使他们更好地理解问题的本质，并提供更切实可行的解决方案。例如,医学与工程学的整合可以推动医疗器械的创新,改善医疗服务。

(4)学科整合促进创新能力的发展。不同学科的交叉融合往往产生新的思维方式和方法,有助于培养学生的创新思维。例如,计算机科学与生物学的结合催生了生物信息学领域,推动了生命科学的研究。通过学科整合,学生可以在拓展传统思维边界的同时,更容易产生创新的想法和方法。

二、教育技术与学科整合的概念

随着现代教育技术的飞速发展,多媒体、大数据、手机应用程序等技术的日趋成熟,教学手段和方法也发生了深刻的变革,网络信息技术逐渐被应用到课程教学中。由此可知,教育技术与学科整合就是将现代网络信息技术(以计算机、手机应用程序、多媒体和网络技术为核心)广泛运用到各学科教学过程中,以达到提高教育质量和学习效率的目的。

1. 教育技术与学科整合的主要思想

教育技术与学科整合旨在有效融合现代教育技术手段与学科知识体系,以促进深度学习和综合能力培养。其核心思想在于通过科学合理的教育技术应用,提升教学效果与学习体验,实现个性化教育,激发学生的学习兴趣与创造力。通过整合学科知识与技术手段,能够更好地培养学生的信息素养、问题解决能力以及跨学科思维,使其具备适应未来社会需求的综合素养和竞争力。

2. 教育技术与学科整合的意义

(1)个性化教育的实现。个性化教育是教育技术与学科整合的重要方面,它强调根据每个学生的独特需求和能力,为其量身定制教学计划和学习路径,以实现更有效的学习成果。教育技术的应用使教育变得更加个性化和灵活。通过数据分析和人工智能,教师可以更准确地了解每个学生的学习风格、兴趣和学术水平,从而为其量身定制教学内容和策略。例如,智能学习系统可以根据学生的学习历史和表现推荐适合的学习资源,帮助学生更有效地消化知识。

一是学习效果最大化。个体差异导致学生在不同学科和概念上的理解和掌握速度各异。通过教育技术的辅助,教师能够分析学生的学习数据和表现,精确评估其知识水平和弱点,从而调整教学策略和资源,使每位学生在自己的学习节奏下取得更好的学习成果。例如,Khan Academy 利用在线平台提供自适应的数学学习,根据学生的答题表现实时调整难度和内容。

二是激发学习兴趣。个性化教育可以根据学生的兴趣、爱好和学科倾向来设计学习内容和活动。这样的定制化学习能够激发学生的学习兴趣,使其更加主动参与学习。例如,一些在线学习平台提供多样化的学习资源,包括文本、视频、互动模拟等,满足不同学生的学习喜好。

三是克服学习障碍。学习障碍是一些学生面临的挑战,如阅读困难、注意力不集中等。教育技术可以通过辅助工具和个性化的学习方式,帮助这些学生克服障碍,提供更有针对性的学习支持。例如,语音合成技术可以将文本内容转化为语音,帮助阅读困难的学生更好地理解教材。

四是自主学习能力培养。个性化教育注重培养学生的自主学习能力,使其能够根据自身需求主动寻找、筛选和整合知识资源。这种能力对于终身学习和面对日益复杂的知识社会至关重要。教育技术可以通过在线学习平台、虚拟实验等方式,培养学生的信息获取和问题解决能力。

五是培养综合素质。个性化教育强调全面发展,注重学生的思维能力、创新能力、合作能力等综合素质的培养。教育技术可以提供跨学科的学习机会和项目,让学生在实际问题中综合运用不同学科的知识和技能,培养他们的综合素质。

(2)提升教学效率与效果。教育技术能够有效地增强教学效率。在线学习平台、教学管理系统等工具能够使教师更便捷地组织和管理教学内容,节省时间和精力。同时,多媒体教材、虚拟实验等教育技术手段能够更生动地呈现抽象概念,提高学生的学习兴趣和理解效果。

一是个性化教学。教育技术的应用使教育者能够更准确地了解每位学生的学习特点、兴趣和进展,从而实施更为个性化的教学计划。例如,通过学习管理系统和智能教育平台,教师可以分析学生的学习数据,识别弱点并针对性地提供帮助。这使学生能够在自己的学习节奏下进行学习,从而更有效地掌握知识。

二是实时反馈。教育技术可以提供实时的学习反馈,帮助学生更好地了解自己的学习状态和进展。这种及时反馈有助于学生在错误中学习、及时纠正,同时也能够增强学生的自我监控和学习动力。例如,在线测验和作业平台可以即时评估学生的答题情况,使教师和学生能够及时调整学习策略。

三是资源丰富。教育技术整合丰富了学习资源的可获得性。学生可以通过互联网访问各种在线课程、教育视频、学术文献等丰富的学习资料。这不仅拓宽了知识范围,还培养了学生的信息检索和分析能力。例如,开放式在线课程(MOOCs)使得学生可以在全球名师的指导下学习,跨越国界。

四是深化学习。教育技术的交互性和多媒体性质可以激发学生的兴趣,从而更深入地学习。例如,虚拟实验室可以让学生在安全环境下进行实验,探索科学原理。同时,交互式教学软件和模拟器可以帮助学生更好地理解抽象概念。

五是教育研究与改进。教育技术的数据收集和分析功能为教育研究提供了新的可能性。学校和教育机构可以利用学生学习数据进行教学方法和课程设计的优化。通过对大量数据的分析,可以发现学生的学习模式、常见问题和有效策略,从而不断改进教学质量。

(3)拓展学科边界。教育技术为跨学科教学和研究提供了有利条件。例如,生物学与计算机科学的结合推动了生物信息学的发展,使得基因组学等领域取得重大突破。通过教育技术,学生可以跨足不同学科,培养综合性的思维和创新能力。

一是跨学科融合促进综合素养。教育技术的应用鼓励学生在不同学科之间建立联系,培养跨学科的思维能力。例如,通过使用虚拟现实技术,生物学和历史学的教学可以结合,让学生在虚拟场景中体验历史时期的生态环境,促使他们将不同学科的知识融合应用,从而提升综合素养。

二是实践性知识构建。教育技术可以帮助学生在实际问题解决中建立知识。例如,结合物联网技术和工程学,学生可以设计并实际搭建一个智能农业系统,从中学习生态学、农学、电子工程等多个学科的知识,实现理论与实践的有机结合。

三是个性化学习路径。教育技术可以根据学生的兴趣、学习风格和能力定制个性化的学习路径,跨越传统学科边界。例如,一个对历史和数学都感兴趣的学生可以通过数字人文的方法,分析历史文本中的数据,从而将数学与历史结合起来。

四是创新和创造力培养。教育技术为学生提供了创新和创造的平台。通过利用3D打印技术,学生可以在艺术和工程学科之间创造性地设计和制作出复杂的雕塑作品,从而在跨学科的交汇处培养创新和创造力。

(4)培养现代技能。教育技术的应用使学生更早地接触和掌握与科技相关的技能。编程、数据分析、信息素养等成为现代社会必备的技能,而教育技术提供了学习这些技能的平台。这有助于培养学生在未来数字化时代中的竞争力,使他们更好地应对未来社会的挑战和机遇。

一是个性化学习与自主能力的培养。教育技术的应用可以根据学生的学习进度、兴趣和能力,提供个性化的学习资源和教学方案,激发学生的自主学习能力。例如,学习管理系统可以根据学生的答题情况和学习记录,为其推荐合适的练习题和阅读材料,帮助学生更好地掌握知识。这有助于培养学生的自我管理、自我评价和解决问题的能力,这些都是现代社会中重要的职业技能。

二是跨学科思维和创新能力的提升。教育技术促进了不同学科之间的融合,鼓励学生在跨学科的环境下进行思考和探索。例如,通过虚拟实验室和模拟软件,学生可以在数学、科学、工程等多个领域进行实验和模拟,培养跨学科的综合分析和问题解决能力。这有助于学生在解决复杂问题时更具创新性和系统性。

三是信息素养和批判性思维的培养。教育技术时代,信息获取变得更加便捷,但也更需要培养学生的信息素养,使其能够从海量信息中辨别真伪、分析价值。通过教育技术,学生可以学习如何查找、筛选和评估信息的有效性,从而培养批判性思维和判断力。例如,在进行网络研究时,学生需要评估信息来源的可靠性,避免误导和虚假信息。

四是团队协作和沟通能力的强化。教育技术可以模拟实际工作环境,让学生在虚拟团队中协作完成任务,培养团队合作和沟通的能力。在线协作平台、远程会议工具等技术工具能够让学生跨时区、跨地域合作,提升跨文化交流和协调能力,为未来全球化的职场做好准备。

第二节　现代教育技术与学科整合的原则与策略

将现代教育技术与学科内容有机整合是一项关键性举措,旨在丰富教学体验并提升学习成果。这一整合的原则与策略扮演着重要的意义。通过合理融合技术工具,如虚拟实境、在线资源和交互式应用,教育者能够创造更具吸引力的教学环境,激发学生的学习热情。在教学过程中,有效的技术整合有助于将抽象的学科概念转化为生动的可视化演示,帮助学生更深刻地理解和掌握知识。此外,技术还为个性化学习提供了渠道,教育者可以根据学生的不同需求和学习风格,量身定制教学内容,提升学习效果。

一、教育技术与学科整合的原则

现代教育技术与学科整合的原则基于现代学习理论,旨在通过深入理解学科特点,构建有效的教学策略。该方法强调根据学科的内在属性和学习过程的本质,精心设计教学模式,以最大程度地激发学生的学习兴趣和能动性。在整合过程中,教育技术被视为强大的工具,可以根据教学内容和受众的需求,灵活地应用各种技术手段,以提升教学效果。总之,现代教育技术与学科整合的核心在于通过深刻理解学科和学习的本质,以及充分发挥教育技术的优势,实现更具针对性和效果的教学实践。

(一)基于现代学习理论指导学科实践

基于现代学习理论指导学科实践在教育领域中具有重要意义,它能够更好地适应学生的认知特点和学习需求,从而提高教学效果和学习成果。

(1)认知心理学。认知心理学关注学习过程中的信息处理、记忆、思维等认知活动。教育者可以通过了解学生的认知发展阶段,调整教学策略,以更好地满足学生的认知能力。例如,针对学龄前阶段的儿童,教育者可以采用直观、具体的教学材料,因为这个阶段的学生更注重感觉和形象的理解。

(2)建构主义。基于建构主义理论,学习被看作是主动地构建知识的过程,而非被动地接受信息。在学科实践中,教育者可以鼓励学生参与问题解决、项目设计等活动,培养其自主学习和批判性思维能力。例如,在数学教学中,引导学生通过探究性学习,自己构建数学概念,从而更深刻地理解数学原理。

(3)情境学习。情境学习理论强调将学习置于真实或具有意义的情境中,以提升学习的可迁移性和应用能力。在科学教育中,可以通过实验、案例分析等方式,将学科知识与实际问题相结合,让学生在实际情境中探索和应用知识。例如,在生态学教育中,学生可以通过野外考察了解生态系统的相互关系,从而更深刻地理解生态学原理。

基于现代学习理论指导学科实践能够更好地满足学生的认知特点和学习需求,促进他们的主动学习、批判性思维和实际应用能力。这种指导方式有助于构建更具有科学性和实效性的教育体系,提升学生的学习体验和学习成果。

(二)根据学科特点制定学科策略

根据学科特点制定学科策略是教育领域中的重要实践,能够有效地优化教学效果和学生学习成果。以下从课程设计、教学方法和评估体系三个方面详细分析如何制定学科策略,以数学学科为例进行论述。

(1)在课程设计方面,数学学科以逻辑性和抽象性为特点,要求学生培养良好的思维能力和问题解决能力。因此,学科策略应强调建立扎实的基础知识体系,同时注重培养学生的逻辑思维和数学建模能力。例如,课程可以设置实际问题分析和解决环节,让学生将所学数学知识应用于实际情境,提升他们的综合能力。

(2)在教学方法方面,数学学科的抽象性容易让学生感到难以理解和枯燥,因此教学策略应采用启发式和互动性方法,激发学生的兴趣和学习动力。例如,引入探究式教学,让学生通过自主探索和合作学习来发现数学规律,以及借助数学软件和模拟工具,让抽象概念更具体可见。

(3)在评估体系方面,数学学科的评估应更加注重学生的问题解决过程和思维方法,而非仅仅看重结果。学科策略可以倡导开放性问题和拓展性思考,让学生在解题过程中展示创新性和多元化的思维。同时,采用定期小测验、项目作业等多元评估方式,全面了解学生的学术进展和潜力。

(三)根据教学内容和教学对象整合教学模式

根据教学内容和教学对象整合教学模式是教育领域中的一项重要策略,它旨在更好地满足学生的学习需求,提高教学效果,能更好地满足学生的多样化需求,促进知识的综合应用能力的全面发展。

1. 教学内容

(1)个性化学习路径。教学内容的整合应根据学生的学习兴趣、知识水平和学习风格,设计个性化的学习路径。例如,数学教学中,对于擅长几何的学生和擅长代数的学生,可以分别提供不同的课程内容和难度,以满足他们的差异化需求。

(2)跨学科融合。教学内容整合也可以促进不同学科之间的融合。例如,历史与文学可以结合,探讨特定时期的文学作品如何反映历史背景。这种融合能够帮助学生更全面地理解知识,提升他们的综合素养。

(3)案例教学。教学内容整合可以通过真实案例引导学生学习。例如,在商业管理课程中,引入真实的企业案例,让学生分析解决方案,培养实际问题解决能力。

2.教学对象

(1)差异化教学策略。针对不同学生特点,教学模式可以进行差异化设计。例如,对于学习困难的学生,可以提供更多的辅导和练习机会,帮助他们逐步掌握知识。

(2)能力培养。教学对象的整合也应注重培养学生的综合能力,如批判性思维、沟通能力等。在语言课程中,可以引入辩论或团队合作项目,培养学生的逻辑思维和合作能力。

(3)多元评估方式。针对不同类型的学生,可以采用多元化的评估方式。除了传统的考试,还可以结合口头演示、项目报告等方式,使不同类型的学生都能展现自己的优势。

例如,在物理教育中,整合教学模式可以通过将课堂理论知识与实验操作相结合,使学生更深入理解物理现象。对于高年级学生,可以引入科学研究的元素,让他们参与到实验的设计和数据分析中,培养科学探究能力。

(四)充分发挥教育技术的工具特性

教育技术以其先进的工具特性,在教学领域发挥着重要作用。其以信息技术为基础,融合了多媒体、互动性和个性化定制等特点,为教育注入了创新动力。通过多媒体手段,教育技术能够以生动形象的方式呈现知识,激发学生的兴趣;而互动性的设计使得学生更加愿意去参与与合作,促进了知识的深度理解与消化;同时,个性化定制则根据学生的差异性和学习进度,量身打造教学内容,最大程度地满足学生的学习需求。教育技术的工具特性为教学提供了强大的支持,促进了教育的创新与优化。

1.演示工具

教育技术的演示工具,如数字化白板、多媒体投影等,能够通过图像、声音、视频等多维度展示知识,使抽象概念更加具象化。演示工具在现代教育中具有多重功能,可以提升教学效果,促进学生的深刻理解和互动参与。通过视觉化呈现、案例分析、实时互动、资源共享和跨时空教学等方式,演示工具为教育创造了更多可能性。例如,在生物学课堂上,通过生动的三维模拟展示细胞结构,学生可以更清晰地理解细胞的组成。这种演示工具有效地激发学生的兴趣,加深他们的理解和记忆。

（1）视觉化知识呈现。演示工具能够将抽象的概念和知识通过图表、图像、动画等方式进行视觉化呈现，有助于学生更直观地理解复杂的内容。例如，在生物学课堂上，使用演示工具展示细胞分裂的过程，可以帮助学生更清晰地理解这一抽象概念。

（2）概念阐释与案例分析。演示工具可以通过实际案例、故事情境等方式，对抽象的学科概念进行阐释和分析，使学生能够将概念与实际情境联系起来。例如，在经济学课堂上，通过使用演示工具展示不同国家的货币贬值案例，可以帮助学生理解货币政策的影响。

（3）实时互动与反馈。现代演示工具通常支持实时互动，教师可以借助投票、问答等功能，与学生进行互动交流。这有助于教师了解学生的理解程度，根据学生的回答调整教学内容，提供针对性的指导。例如，在数学课堂上，使用演示工具可以让学生即时参与解决问题，教师可以根据学生的回答来引导讨论。

（4）多样化资源共享。演示工具允许教师将多种资源整合到一起，如文本、图片、视频等，从而为学生提供更丰富的学习材料。这有助于满足不同学生的学习风格和需求。例如，在历史课堂上，使用演示工具可以将历史事件的图片、视频、文献等资源进行整合，使学生能够全面理解历史背景。

2.交流工具

在线讨论平台、协作工具等使学生和教师可以跨越时空限制，进行实时的交流与合作。例如，在文学课上，学生可以通过在线平台分享他们对一部小说的解读，与同学们展开深入的讨论。这种交流工具促进了学生的互动，拓展了他们的思维视野。

（1）实时互动与远程教学。交流工具如视频会议软件和在线讨论平台使得教育者能够远程进行实时教学，突破了时空限制。例如，停课期间，学校可采用 Zoom 等工具进行远程教学，保障了学生的学习持续性。此外，这些工具还能够鼓励学生积极参与课堂讨论，促进师生互动。

（2）个性化学习和反馈。教师可以通过私信、邮件等交流工具，为学生提供个性化的学习指导和反馈。教育者可以根据学生的学习情况，提供针对性的建议，促进其进一步提升。例如，教师可以通过电子邮件向学生提供针对性的阅读材料，帮助他们解决特定的学习困难。

（3）在线协作与群体学习。交流工具也促进了学生之间的协作与群体学习。在线讨论板、群组聊天等工具能够帮助学生共同探讨问题、交流意见，提高他们的协作能力和团队合作意识。例如，在一个虚拟团队项目中，学生可以通过在线平台共同编辑文档、分享资源，达到协同工作的效果。

（4）多元化表达与呈现。交流工具拓展了学生表达和呈现的方式。学生可以通过文字、图像、音频、视频等多种形式展示他们的理解和创意。这对于培养学生的多元智能和创造性思维具有积极作用。例如，学生可以利用多媒体工具创建项目展示，从而更生动地传达他们的观点。

（5）文化融合与跨地域交流。交流工具促进了不同地域、文化背景的学生之间的交流。学生可以与世界各地的同龄人分享观点、交流经验，拓宽了他们的视野。例如，学生可以通过在线平台参与国际性的课题讨论，从而了解不同文化的观点。

3. 个别辅导工具

教育技术能够根据学生的学习情况和需求，提供个性化的辅导。自适应学习系统可以根据学生的答题情况自动调整难度，为每个学生量身定制学习路径。个别辅导工具充分发挥了教育技术的优势，通过个性化教学、实时反馈、跨时空学习和资源丰富性等方面的特点，为学生提供更有效、灵活和丰富的学习体验，有助于提升教育的质量和效果。例如，在数学学习中，个别辅导工具能够识别学生的薄弱环节，并提供针对性的练习和解释，加强学生的学习效果。

（1）个别辅导工具在个性化教学方面具有显著作用。通过分析学生的学习数据和行为模式，教育技术可以为每位学生量身定制适合其学习风格和进度的教育内容。例如，智能学习系统可以根据学生的知识水平和兴趣爱好，推荐特定的学习资源和活动，从而激发学生的学习动力和积极性。

（2）个别辅导工具提供实时反馈，有助于学生及时调整学习策略。传统教学中，学生通常要等到作业或考试后才能了解自己的表现，而现代教育技术可以实时监测学生的学习进展，提供针对性的反馈和建议。例如，一些在线学习平台能够即时评估学生的答题情况，并根据答错的题目提供针对性的解析和练习，帮助学生弥补知识漏洞。

（3）教育技术的个别辅导工具实现了跨时空学习。学生不再受限于传统课堂时间和地点，而是可以随时随地进行学习。例如，网络直播和录播课程使学生可以根据自己的时间安排学习，从而更好地平衡学习与其他活动。

(4)个别辅导工具丰富了学习资源。教育技术提供了丰富多样的学习材料,包括文本、视频、图像、模拟实验等。这些多样的资源有助于满足不同阶段学生的学习需求和兴趣,促进多元化的学习体验。

二、教育技术与学科整合的策略

教育技术与学科整合的策略旨在促进有效的知识传授与综合能力培养。模拟演示策略通过虚拟环境的构建,实现抽象概念的直观展示,激发学生主动探索与深入思考。情景创设策略通过真实场景的再现,将学科知识融入实际情境,培养学生的问题解决与应用能力。自主学习策略强调个体化教学,借助在线资源与学习平台,激发学生自主学习意识,培养批判性思维与信息获取能力。协作探究策略鼓励学生合作完成任务,通过小组讨论与项目合作,培养团队合作与沟通技能,促进跨学科知识的交叉应用。这些策略的有机融合有助于培养学生综合素养,促进深度学习。

(一)模拟演示策略

模拟演示策略是教育技术与学科整合的重要手段之一,它通过使用虚拟现实、增强现实、模拟软件等技术,将抽象的学科概念转化为具体的可视化场景,以增强学习效果和体验。例如,在生物学课程中,学生可以通过虚拟实验室模拟真实的生物实验过程,观察生物体的结构与功能。这样的策略不仅增加了学习的趣味性,还能够强化对抽象概念的理解。

(1)概念可视化与深入理解。模拟演示策略能够将抽象的学科概念转化为具体、可视的场景,帮助学生更好地理解难以直观把握的概念。例如,在生物学教学中,模拟演示可以呈现细胞分裂、DNA复制等过程,让学生透过虚拟环境亲身体验,从而深入理解细胞生物学的复杂性。

(2)互动与自主学习。模拟演示策略提供了互动性的学习体验,学生可以在虚拟环境中自由探索、实验,从中获得实际操作的经验,促进自主学习。例如,化学课程中,学生可以通过虚拟实验室进行化学反应的模拟,了解不同因素对反应速率的影响。

(3)跨学科整合与综合能力培养。模拟演示策略能够集成不同学科领域的知识,培养学生的跨学科思维能力。比如,历史教学中可以通过虚拟重现历史事件,让学生了解当时的社会背景、文化因素,从而更全面地理解历史事件的影响。

(4)安全性与成本效益。某些实验和观察在真实环境下可能存在安全隐患或高昂的成本,模拟演示策略可以在虚拟环境中安全地进行,避免潜在的风险。例如,地理学中的地震模拟,可以在虚拟环境中实现,而无须担心实际地震带来的风险。

(二)情景创设策略

情景创设策略是教育技术与学科整合中的重要方面,它通过在教学过程中模拟真实情境,促使学生将学科知识应用于实际场景,从而提升他们的学习效果和技能培养。比如,在语言学习中,可以设计真实对话情景,让学生在交流中运用语言技能。这样的策略有助于提高学生的实际应用能力,培养他们将知识转化为实际技能的能力。

(1)真实性的营造。情景创设的关键在于创造一个真实、贴近实际的情境,使学生能够在模拟的环境中实际运用所学知识。例如,在教授化学反应时,可以通过虚拟实验室软件让学生模拟化学实验,从而深入理解反应机制与操作步骤。这种创设的情境帮助学生将理论知识转化为实际技能,增强他们的应用能力。

(2)问题驱动的学习。情景创设策略可以通过引入具有挑战性的问题,激发学生的思维和解决问题的能力。例如,在教授数学概念时,可以设计实际生活中的问题,如优化物流路线或金融投资策略,引导学生运用数学知识解决复杂问题。这种问题驱动的学习能够培养学生的创新思维和实际应用能力。

(3)跨学科整合。情景创设策略有助于将不同学科的知识融合应用。例如,在生态学教学中,可以通过模拟生态系统中的相互作用,引入生物学、地理学、化学等多个学科的内容,使学生综合运用各领域的知识分析和解决复杂生态问题。

(4)反馈与评估。利用情景创设策略,教育者可以为学生提供实时反馈。通过模拟情境,可以记录学生的行为和决策,从而深入分析他们的学习过程,及时调整教学策略以达到更好的效果。

(三)自主学习策略

自主学习策略强调学生在学习过程中的主动性和自主性。教育技术可以提供个性化的学习资源和工具,根据学生的学习风格和进度进行定制。

(1)个性化学习路径。教育技术允许根据学生的兴趣、学习风格和能力水平创建个性化的学习路径。例如,智能学习系统可以根据学生的学习历史和表现,为其推荐适合的学习内容和资源,从而提高学习效果。

(2)自主学习环境。教育技术创造了支持自主学习的环境,学生可以根据自己的进度和兴趣选择学习内容,自主安排学习时间。例如,在线学习平台提供了随时随地学习的机会,使学生能够自主决定何时何地进行学习,从而更好地融入其日常生活。

(3)问题驱动学习。自主学习鼓励学生主动提出问题、解决问题,并将知识应用于实际情境中。技术工具如在线讨论论坛、虚拟实验室等,能够促进学生的自主思考和合作探讨。例如,MOOC(大规模开放在线课程)平台上的讨论区为学生提供了交流互动的机会,让他们在解决问题的过程中相互学习。

(4)反馈与评估。教育技术为自主学习提供了实时的反馈和评估机制。学生可以通过在线测验、作业提交等方式获得即时反馈,了解自己的学习进度和知识掌握情况。例如,在线测验工具可以帮助学生发现自己的薄弱领域,并针对性地进行复习。

(四)协作探究策略

教育技术与学科整合的策略中,协作探究策略是一种重要的方法,旨在促进学生跨学科的思维能力和合作能力的培养。这种策略强调学科之间的互相联系,通过合作性的探究活动来实现深度学习和知识的综合应用。例如,学生可以在历史课上合作研究某一历史事件,从不同角度进行分析和讨论。

(1)跨学科整合。协作探究策略鼓励学生在解决问题或主题探究时,将不同学科的知识和方法相结合。例如,通过一个关于环境保护的课题,学生可以运用生态学、经济学和社会学等多个学科的观点,深入分析问题,提出综合性解决方案。这种整合培养了学生的跨学科思维和应用能力,使他们能够更全面地理解问题。

(2)小组合作。协作探究策略常通过小组合作的方式进行,让学生在团队中共同分工合作、交流思想。例如,学生可以在小组内扮演不同角色,从而调动各自的专业知识和技能,共同完成一个综合性项目。这种合作培养了学生的团队协作、沟通与领导能力,模拟了实际工作环境中的合作模式。

(3)问题导向的学习。协作探究策略强调从问题出发,引导学生主动地提出问题、探索答案,并从中获取知识。例如,在一个历史与文学结合的课程中,学生可以共同研究某一历史时期的文学作品,分析其中反映的社会背景和文化变迁。这种问题导向的学习促使学生自主思考,培养了他们的批判性思维和问题解决能力。

(4)资源共享与技术支持。在协作探究中,现代教育技术提供了信息共享和交流的平台,如在线协作工具和虚拟教室。学生可以共同编制文档、展示成果,并通过网络交流意见。此外,教育技术还为学生提供了在线学习资源和数据库,支持他们更深入地探究问题。

第三节　现代教育技术与学科整合的案例

在教育信息化不断深化的背景下,教育技术与各学科之间的有机融合成为推动教育发展和改革的关键动力。前文已经探讨了一些通用的教育技术与学科整合策略,而在这一部分中,将着重探讨基于各学科特点的教育技术与具体学科融合的方法。通过针对不同学科的独特性,深入剖析如何将教育技术无缝融入其中,旨在深化对教育技术在不同学科教学中多样功能的理解。这些方法不仅有助于拓展教学领域的边界,还能够提升学习体验的质量,更好地满足学生的需求。通过灵活而巧妙的整合,教育技术能够在语文、数学、科学等学科中发挥出更为精准和创新的教学功能,从而进一步推动教育领域的创新和进步。

一、教育技术与语文学科

(一)语文学科特点分析

语文作为人文社会科学中的一门重要学科,扮演着极为关键的角色,不仅仅是人们相互交流思想的工具,更是连接汉文化和汉语表达的纽带。它一方面充当着语言文字规范的实用工具,为人们的交流提供了准确的桥梁;另一方面,它也是一门蕴含着文化艺术的学科,通过文学、诗歌、散文等形式传达情感和人类智慧,同时也是积累和开拓精神财富的宝贵门径。

在教学中,语文课程蕴含着丰富的人文内涵,这种内涵对学生的精神世界产生了广泛而深远的影响,而学生对语文材料的理解与反应则是多元多样的。因此,重视语文教学的熏陶和感染作用,关注教学内容的价值取向,同时尊重学生在学习过程中所经历的个体化体验,都是至关重要的。

语文教学是高度实践性的课程,应该注重培养学生的语文实践能力。这种能力的主要培养途径就是通过实际的语文实践活动,而不是过度追求语文知识的系统性和完备性。同时,作为母语教育课程,语文的学习资源和实践机会无处不在,随时可得。因此,应该让学生更多地直接接触各类语文材料,在广泛的语文实践中体会并掌握语文的规律与应用。这样的教学方式有助于培养学生更加流利、自信地运用语文进行沟通和创造。

在设计语文课程时,有必要充分考虑汉语言文字的独特特点,以对识字、写字、阅读、写作、口语交际和学生思维发展等各方面产生深远影响。首先,在教学过程中,对这些影响的认知显得尤为重要,特别是在注重培养学生良好的语感和整体把握能力的方向上更是不可或缺。语文学科的独特性体现在多个方面,其中之一是汉字的表意性和结构性,这使得识字和写字的教学需要突出汉字的组成和含义,以帮助学生更好地理解和运用汉字。其次,汉语的语法和表达方式也对阅读和写作产生深刻影响,因此,在教学中应注重培养学生对句法结构、修辞手法等的敏感性。最后,语文作为一门综合性学科,还应着重培养学生的综合运用能力,促进他们在交流表达、文本解读以及批判性思维等方面的全面发展。因此,深入理解和把握这些语文学科的特点对于构建富有活力和成效的语文课程至关重要。

(1)基础性、工具性。语文课肩负着双重使命:一方面要培养学生听、说、读、写的语文能力,另一方面要传授并帮助学生掌握丰富的语文知识。多重任务的承担使得语文课不仅仅是文字的学习,更是思维的培养。通过培养学生的阅读理解能力,语言表达能力以及批判性思维,语文课为学生未来学科学习和社会融入打下了坚实的基础。当学生具备了坚实的语文知识储备和灵活运用的语文能力后,他们不仅能更深刻地理解各学科的知识,还能更自信地与社会互动,有效沟通,为自己的成长和发展开启更为广阔的道路。

(2)人文性、思想性。除了培养学生的爱国主义情感、社会主义价值观和激发他们对优秀传统文化的深厚情感外,教育的使命还在于拓宽学生的知识视野,培养创新思维,提升文化修养等。人文关怀与思想启迪这两者在教育中紧密相连,相辅相成。它们实际上是对同一现象的不同表述。基于这种认知,语文教育不仅在进行听、说、读、写等语言技能培养的过程中发挥作用,同时也要充分融入和彰显其所具备的"人文关怀、思想启迪"的独特特质。通过引导学生理解文本中的情感内涵、思想深度以及社会价值,语文教学能够促使学生更加全面地成长,成为具备综合素养的个体。

（3）开放性、多样性。语文教学课堂的魅力不仅仅体现在内容的开放性,同样也体现在教学方式的多样性。这个过程鼓励了学生的主动参与和创造性思维,让每位学生都能以自己独特的方式去理解和表达语文的精髓。然而,语文教学的影响力并不仅限于课堂之内。越来越多的语文教师将视野拓展至"第二课堂",积极引导学生参与丰富多彩的课外语文活动。这种开放式的教学扩展不仅激发了学生对语文的兴趣,也培养了他们的创造力和批判性思维能力。通过参与课外活动,学生们得以在实际生活中运用语文知识,进一步加深对语言运用的理解。这种开放性和多样性的教学方式在很大程度上促进了学生语文水平的全面提升,培养了他们终身受益的学习态度和技能。

（4）实践性、应用性。实践是获取真知的重要途径。阅读、书写、作文、演讲、书信等活动不仅是语文的实践体现,更是语文知识的应用载体。然而,在传统的教学方式中,常见的老师讲授、学生被动听取的模式显得机械且效率有限。这种单向传授模式往往无法激发学生的主动参与与创造性思维,限制了他们在语文学习中的积极性和深度理解。因此,为了更好地促进语文教育,我们需要探索更具活力和互动性的教学方法,使学生能够在实践中不断探索、实践和提升语文技能。通过引入更多的互动元素和实际应用场景,我们可以营造出更富有启发性的学习环境,让学生在实际运用中体会语文的力量,进而培养出更为全面发展的语文素养。

（5）地方性、区域性。任何理论的应用都紧密关联着特定的地域和环境条件。各地区之间存在着显著的语言、风俗、文化等差异,如同北京和上海之间的独特风情,沿海地区与内陆地区的差异,甚至是牧业区和农业区的各异。这些差异直接地影响并贯穿于人文性极为显著的语文学科教学之中。因此,为了使教学更为契合实际情境,教育从业者需要充分考虑当地的特点和文化背景,以精心调整教学方法和内容,确保教学的有效性和吸引力。这种地域性的教学适应不仅能够促进学生对自身文化传统的认同,还能培养他们更加广泛的跨文化理解能力,为他们未来的成长与发展奠定坚实的基础。

（6）探究性、创造性。新教学理念的要求深刻地影响着教育方式,迫使教学从以教师为中心转变为以学生为主体的活动。更进一步,研究性学习作为一种引领学生自主探索的学习方式,日益成为中学阶段不可或缺的学习范式。同时,培养学生的创新能力也在教育中凸显重要性,这一观点已经被广泛应用于社会各个领域的发展。在这个变革中,语文教学摆脱了单纯的死记硬背和传统的口耳相传模式,转向了激发学生学习兴趣、启发思维方式,并引导他们进行探索、研究和创造的方向。这种转变使得学习不再是机械的过程,而是一个充满探索和创新的过程,这两者的融合也成了语文学科不可或缺的特质之一。

(7)时代性、超前性。与其他社会科学一样,语文学科紧密联系着人们的思想意识,紧随时代的步伐,保持与时俱进的态势。语文不仅反映了历史的变迁,也反映了当下社会的现实情况,因此具备极强的时代性。作为先进文化的重要组成部分,语文内容蕴含着丰富的知识和智慧。先进文化不仅是一个时代的精神财富,更是引领人们不断前进的动力,同时也应具备超前的特质,以适应未来的发展需求。

在语文学习的领域中,学习的内容也同样具备时代性和超前性。教育者需要根据时代的发展和变革,不断调整和更新教材,以保证教学内容与现实紧密贴合。同时,也要注重培养学生的创新思维和未来意识,使他们能够积极适应未来社会的需求和变化。因此,语文学科的发展与教育实践需要不断地寻求平衡,既要尊重历史传统和文化积淀,又要引领学生走向未来,创造更加美好的社会。

我国的语文课程教育承载着母语教育的使命,蕴含着深厚的人文内涵,以及滋养和感染人心的能力。这种教育在培养学生的语言表达能力的同时,也在传承中华文化、培育情感体验等方面发挥着独特的作用。而语文教育的特点不仅仅是一种教学方法,更是一种根深蒂固的教育理念,是语文学科长期倡导的核心教学原则。这种特点涵盖了多个方面,我们将从以下四个维度展开对语文学科特点的深入讨论。

1. 课程内容的人文性

语文课程作为一门富含人文内涵的学科,深刻地涉猎了社会生活的方方面面。其内容涵盖了丰富多彩的元素,从文字、文学作品到社会现象,皆在其中得以呈现。这些内容往往以生动的形象为载体,充满个人情感和主观色彩,因而极具感染力,能够深刻影响学习者的心灵。基于这一特点,我们必须对语文教学内容的价值取向予以足够的重视,因为它承载着远超传统知识传递的使命。在语文课堂上,不仅仅是知识的传递,更是审美情感的培养。因此,语文教学应当注重激发学习者的审美情趣,培养他们对优美文字、精湛表达的敏感,使其在感受语言之美的同时,也能够更深刻地理解人类文化的内涵。

2.学习者认知的多元性

学习者因其知识背景、生活体验以及认知偏好等多方面的差异,可能会呈现出对语文材料各异的体验和理解。在语文教学的实践中,尊重学习者的个体差异变得尤为重要,这意味着在教学过程中应当关注每位学习者的独特需求和潜能。为了创造一个有益的学习环境,有必要营造出民主和谐的氛围,鼓励学生积极参与、分享观点,从而形成积极互动的学习氛围。在这种情境下,教师可以借助多样化的教学策略和资源,为学生提供灵活的学习路径,使得每位学生都能在自己的节奏和风格下进行深入思考和学习。

除了关注学习者的个性差异,创设具有思考价值的问题情境也是语文教学中不可或缺的一部分。通过引入引人深思的问题,教师可以激发学生的思考欲望,促使他们对文本进行更深入的分析和解读。这些问题情境不仅能够拓展学生的思维边界,还能够引导他们运用多元的角度和观点去探索材料内涵。通过引导学生自主提问、辩论和互相启发,教师能够培养出批判性思维和创造性思考的能力,使学生能够更好地应对未来复杂多变的挑战。

3.语文课程实施的实践性

语文课程与社会生活息息相关,这种紧密的联系使得语文教育具备强烈的实践性。在这个背景下,培养学生的语文素养需要采用更加有针对性的方法。在课堂上,创设富有情境感的语言学习环境变得尤为重要,通过模拟实际情境,学生能够更深刻地理解语文运用的意义。然而,仅仅停留在语言表面远远不够,更需要引导学生深入文本,挖掘其中的文学内涵,培养学生对文学作品的鉴赏力和理解力。与此同时,在日常的语文实践活动中,学生应该逐步掌握语文运用的规律,不仅仅是应付考试,更是为了更加自如地在社会生活中表达自己的思想与情感。因此,语文教育需要在传授知识的同时,更注重学生实际应用能力的培养,以使他们在未来的社会生活中能够更加自信和准确地运用语文。

4.语文知识学习的规律性

汉语言文字的学习遵循一定的规律,其中学习方法的选择显得尤为重要。在这一过程中,多读多写并强调读写的结合被视为关键策略。通过频繁的阅读和书写,学习者能够培养出良好的语感,从而更加敏锐地捕捉语言的内在节奏和表达方式。然而,单纯的词汇和句子并不足以达到深入的语言理解。因此,培养对篇章的整体把握能力也至关重要。这涉及理解文段的结构、段落之间的逻辑关系以及信息的层次结构,从而有助于更准确地把握作者的意图和思想。除了语言层面的学习,丰富的语言积累同样不可或缺。通过积极积累各类词汇、成语、习语和惯用表达,学习者能够更富表现力地进行语言交流,并逐渐增加文化方面的储备,更好地融入汉语言文字的背后世界。综上所述,汉语言文字的学习需要遵循规律性的方法,重视多读多写,注重语感培养,提升整体把握能力,丰富语言积累,以及不断扩展文化视野。

(二)教育技术与语文学科整合的途径

《全日制义务教育语文课程标准》明确指出,语文课程资源的涵盖范围包括课堂内外的教学资源,这其中既有课堂教学所需的支持,也包含了课外学习的丰富资源。在这一框架下,学校被鼓励积极营造适宜的环境,以确保语文教学得到所需的设备和资源支持。同时,教师在实践中要充分发挥创造力,深入理解并巧妙应用教材内容,积极拓展课程资源,以多元的教学策略灵活引导学生实现在实践中的学习。

语文课程革新追求一系列变革,涉及教学理念、教学资源、教学工具、教学方法以及教学途径的科学化。在这个进程中,现代教育技术在信息网络时代中崭露头角,被视为推动语文教育进步的强大工具。利用现代教育技术,学生得以更加深入地学习和运用语文,使语文教育更紧密贴合日常生活,更加契合社会发展的需求。从而,学生能够更有针对性地掌握语言技能,更自信地与不同领域的知识和社会环境进行交流与互动,从而在全面发展中受益匪浅。

现代语文教育提倡语言的综合应用和学生自主学习,这意味着语文教师需要摆脱传统的"一根粉笔讲天下"的教学方式,运用新的教学理念、手段和方式,将学生引导到自主学习的状态中。语文教材中蕴含着许多经典传世之作,如《兰亭集序》《滕王阁序》《阿房宫赋》《荷塘月色》《再别康桥》等,这些经典的诗词文赋不仅需要咀嚼鉴赏,还需要学生深入品味其中的美感,理解其背后的历史背景与氛围。然而,传统的教学方法在这方面受限,往往只能通过文字、音乐、图像等单一形式的呈现来传达信息,难以将多种元素有机融合。现代教育技术为这一问题提供了创新的解决方案。通过网络信息技术,语文教师可以下载适当的声音和图像,利用多媒体链接,将经典作品的意境在教学中得以充分展现,使学生在唯美的氛围中深入感受经典文化的内涵。尤其对于唐诗宋词等古代著作,利用现代教育技术可以通过音乐和画面的交织,让学生在感官层面上更好地理解诗词的情感和创作背景。通过画面的再现,学生可以想象诗人在特定社会环境下的创作状态,从而更好地理解其写作风格。更为重要的是,现代教育技术还赋予了学生自主学习的能力。学生可以通过网络信息搜集有关诗人的资料,自主展开学习,并通过讨论、整理资料、对照作品和理性分析,深入领会诗人的思想和风格。这种从感性到理性的学习过程不仅培养了学生的情感理解和思维能力,也拓展了他们的视野,使他们能够更全面地认识诗人和其作品。此外,这种教学方式还强调了学生在学习中的自主性和实践能力,促使他们成为学习的主体,而教师则更多地扮演引导者的角色。这样的教学模式体现了语文课程的基础性、实践性和探究性,培养了学生的语文实践能力和创新精神,提升了他们的语文素养,实现了素质教育的目标。

语文教学本身的特点决定了教育技术应用于语文教学形式的复杂性和多样化,下面从两个方面入手,简单介绍教育技术与语文课程的整合途径。

1. 针对学科内容的整合途径

在语文课程教学中,涵盖识字教学、阅读理解以及作文训练这三大主要模块,教育技术应当有针对性地融合各个模块的独特内容特点和教学方法,构建出富有成效的整合策略。识字教学这一模块自然包括了"看、听、说、写、打、想"六个关键环节。在"看"和"听"的阶段,教师可以灵活运用多媒体识字教学软件,通过演示汉字的拼音发音、结构构造、笔画笔顺等,以及呈现意境丰富的图片,以增强识字教学的直观性和生动性。至于"打"的环节,可以设计任务,要求学生在电脑上运用拼音输入法输入相应的汉字,从而巩固所学知识。透过人机交互,能够充分调动学生多种感官,助力学生掌握汉字学习的基本规律,进而增强整体的识字学习效果。这种教学策略将教育技术与语文课程深度结合,有助于促进学生在语文学习中的积极参与与成长。

　　阅读教学涉及两个关键环节,即"入境"和"析境"。在"入境"阶段,借助教育技术的力量,教师创造多样化的阅读情境,以激发学生的学习兴趣,培养积极的阅读习惯。这一阶段的目标是将阅读教学从课堂延伸至课外,将传统的纸质阅读拓展到数字屏幕上,使学生在多元的媒体环境中获得丰富的阅读体验。在"析境"环节,抽象概念和词汇的理解成为突破点与难点。以"冰雪消融"等类似词语为例,教师可以巧妙运用多媒体课件,呈现生动的图像和画面,以帮助学生更具直观感受地理解词语的内涵和所表达的情感。通过这种方式,学生可以更深刻地把握词汇的意义,进而将其融入表达中,甚至在其他阅读训练中灵活应用。

　　引入教育技术后,作文训练呈现出一系列丰富而有益的变化。一方面,通过创设多样化的作文情境,学习者得以在更加立体化的环境中进行文字表述,这种方法能够刺激感官,有助于理解题意,并且能够激发思维的广度和深度,从而为创作提供更加广阔的空间。另一方面,网络为学习者提供了丰富的写作素材和获取写作指导的机会,通过在线资源的分享和交流,学习者能够在广泛的信息中汲取灵感和支持,从而提升写作的质量。此外,电子产品不仅仅是写作的创作平台,还充当了开展网上教学的媒介,与传统的写作训练方式相比,更加便捷高效。这种融合了技术和写作的方法,不仅拓展了学习者的写作视野,也为他们提供了更为灵活的学习途径。

2. 针对教学过程的整合途径

　　从教学过程的视角来审视,语文课程与教育技术的融合贯穿着整个教学与学习的过程,这种融合在多个层面展现出教育技术的显著优势,主要体现在激发兴趣、攻克难点、拓展学习范围以及提供及时反馈等方面。其中,引发兴趣在教育中扮演着至关重要的角色,作为一种积极的心理倾向,它推动个体主动探索事物、参与活动,并在积极的情感体验中获得成就感。充分整合教育技术能够在语文课堂中创造出引人入胜的学习环境,通过多媒体、互动式教学工具等手段,将课程内容呈现得生动有趣,从而引发学生的好奇心和主动参与欲望。同时,教育技术的应用还有助于攻克学习过程中的难点和瓶颈,例如通过网络资源获取更深入的资料,通过虚拟实验等方式增强学生的实践能力。此外,教育技术的优势还在于能够将学习的范围延展到更广阔的领域。通过网络和在线学习平台,学生能够获得来自不同地区、不同文化背景的资源和信息,从而开阔视野,增强综合素养。同时,教育技术也能够提供即时的反馈机制,帮助教师更好地了解学生的学习进展,及时调整教学策略,从而更有效地满足学生的学习需求。

学习兴趣具备强大的激发效应,能够引发学生内在的求知欲和创新欲,同时激活学习的积极性,引导学生自主地探索,勇于追求解答的途径。在这一点上,计算机多媒体技术展现出其独特的魅力,它融合了文字、声音、图像以及图形,以生动的方式呈现,通过声音与图像的交织,以及感染力强的表现手法,极大地唤起了学生的感官体验,从而唤起了他们对知识的探索兴趣,建立起了积极的学习动机,实现了学习目标的达成。举例来说,在教学设计中,通过呈现图片或生动的视频片段,将抽象的概念转化为形象的画面,如展示爬山虎的"脚"图片,或通过录像展示小马过河的故事,不仅能够让学生在愉悦的观察中更好地理解课文,也增强了教学的吸引力,提升了教学质量。在教学的重点内容中引入计算机技术,具备强化教学效果的潜力,特别适用于那些抽象概念和操作复杂的实验活动。计算机技术能够以生动形象的方式,逻辑严密地展示具体的细节和过程,将抽象的内容具体化,使得推演的过程清晰明了,因此,在获取知识的同时,也能够培养学生的思维能力。语文作为一门兼具基础性和实践性的学科,应当注重联系实际,拓展教学视野,更加注重选用能够与实际生活产生联系的教材。利用计算机技术的前沿性和广泛性,能够使教材更具活力,使知识融入生活,让学生在实际情境中运用语文知识,提高他们的实际运用能力和意识。

知识吸收的过程构建了一个逐步推进的闭环结构,其中,反馈环节在实时监测学习效果方面发挥着重要作用。在教学中,每位学生的学习状态都应迅速传达给教育者和学生本人,以更好地调整教学进程,实现最佳教学成果。教育技术在知识巩固阶段具有突出作用,通过设计多样化的信息化课堂和课后练习,教育技术可以介入其中。在练习完成后,计算机自动评估并提供即时反馈,学习者可以自主检验练习成果,自我发现问题。同时,教育者也能通过反馈数据了解学生对知识点的掌握情况。这样一来,学生可以根据自身的学习进度进行练习,有效避免了传统"回避式作业批改"所带来的反馈滞后问题,从而既保证了个性化学习,又提升了教学质量。

语文学科的特点使得其拥有比其他学科更加丰富的信息化资源。然而,我们在充分利用这些资源时必须谨慎,不能让网络信息技术的应用凌驾于语文学科独有的特点之上。尽管多媒体技术可以为语文教学带来新的呈现方式,但我们不应过度偏重于其表现形式。在教育技术与学科知识融合的过程中,核心原则在于始终将目光聚焦在学科知识本身,这是我们时刻要铭记的。因此,在借助技术丰富语文教学的同时,不可忽视语文学科的独特性,保持平衡,确保教学既紧跟技术发展的步伐,又不失对学科内涵的把握。

二、教育技术与数学学科

(一)数学学科特点分析

数学学科以符号语言为工具,深入研究数量、结构、变化以及空间模型等概念,呈现出高度的抽象性、结论的确定性以及应用的广泛性。然而,在数学学科中,思维能力扮演着核心角色,它依赖数学知识作为素材,并借助空间想象、归纳推理、运算求解、演绎证明和模式构建等多种方式,对客观世界中的空间形态、数量关系和数学模型进行深入思考和判断,从而呈现出其独特的发散思维特质。这种思维能力在数学领域中起到桥梁作用,将抽象的概念与实际问题相联系,培养出创新性思考和问题解决的能力,推动着数学的不断发展。

长期以来,数学教育过分强调结果的呈现,过于偏重解题技巧的灌输,单一地注重逻辑思维的培养,往往忽视了学习者观察、实验、想象、猜测等多元能力的培养,缺乏对充满创意的探究过程的关注,从而使得数学变得晦涩难懂。然而,现代数学教育则更加注重培养学生发现问题和解决问题的能力,强调通过解决实际问题的过程来锻炼思维,从而提高数学的应用能力。这一转变使得数学教育变得更加富有趣味性和实用性,不仅帮助学生建立更坚实的数学基础,还培养了他们独立思考和创新的能力。

(二)教育技术与数学学科整合的途径

《全日制义务教育数学课程标准》明确指出,现代教育技术的蓬勃发展深刻地塑造了数学教学的价值取向、目标设定、内容呈现以及教与学的方式,从而产生了深远的影响。在设计和实施数学课程时,必须充分关注网络信息技术的融入,积极考虑计算器和计算机对数学学习内容和方式的革新,将教育技术视为促进学生学习数学、解决数学问题的有力工具。这不仅使得教学呈现更具形象化、多样化和视觉化的特点,同时也更加有助于揭示数学概念的生成与发展、数学思维的进程与本质。这样的教学模式不仅能激发学生积极投入实际、探索性的数学学习中,还有助于克服传统数学教学所面临的难题。

在深入分析了数学学科的独特特点后,探讨网络信息技术在数学教学中的应用策略显得尤为重要。在这方面,有两个主要途径:辅助式和主体式。前者意味着教育者在课堂上充分利用计算机进行辅助讲解和演示,这种模式主要体现为计算机辅助教学。而后者则更为激进,即通过计算机教学取代传统的教师主导的课堂授课。这些不同的应用方式,旨在进一步提升数学教学的效果,增强学生的主动参与和创造性思维,同时也为应对传统数学课堂中所存在的挑战提供了全新的解决思路。

1. 基于计算机辅助教学的整合模式

计算机辅助教学的整合模式是以计算机技术为支持工具,在教学过程中融入多媒体元素,创造出丰富的图形、图像和动画等信息情境,旨在通过观察、操作、辨识、解释等多样活动,引导学生深入学习数学的基本概念、命题和原理。这种教学模式的核心在于通过情境化的学习环境,激发学生对学习的兴趣与主动性,鼓励他们在探索中构建意义,从而实现对知识的深刻理解。通过与计算机技术的有机结合,整合模式为学生提供了一个具有互动性和启发性的学习场景,从而促进他们在数学领域的学习效果,培养出更为全面和深入的认知。

一种常见的教学模式是基于数学教学内容特点而构建的,通常涉及制作富有动态性的课件和设计与数学活动情境相契合的教学方案。在这一模式中,教师扮演着主要角色,通过演示课件为主导,同时辅以学生的操作、猜想、讨论等活动来展开教学。这种模式适用于主要以认知活动为主的陈述性知识的传授,而借助计算机技术,这些知识能够以更生动有趣、层次分明、重点醒目的方式呈现。计算机在这个模式下有着多重作用,它不仅能够更全面、更便捷地揭示新旧知识之间的联系,提供一个"人机对话"的环境,还能有效地激发学生的感官体验,引发他们的积极关注和主动思考,从而优化了他们的认知过程,使得对于结论的掌握更为直观,进而提升学习效率。以函数图像的学习为例,传统的探究方法通常包括根据数据列表、描点、连线来绘制图像以进行观察,随后深入研究其性质。然而,图像的精确度受限。相比之下,借助几何画板软件绘制函数图像,不仅更加便捷、准确,同时也更有助于学习者理解函数的原理,并深入研究图像的性质。这种教学模式在数学教育中具有广泛应用前景,为教学带来了更大的启发与效益。

2.以计算机为主体进行教学的整合模式

以计算机为核心的教学模式在多种教学情境下得以广泛应用,如练习指导、实验探究以及远程教学等。其中,练习指导是一种教学方法,利用计算机提供的学习平台,鼓励学生通过反复练习来巩固已学的概念和规律,教师则能够实时提供必要的指导,以确保知识的巩固和技能的掌握。这一教学模式可以通过计算机课件或软件,向学生提出问题并要求回答,计算机会对答案进行分析,及时反馈给学生和教师,进而展开进一步的强化训练,确保学生获得充分的知识技能。在此过程中,还能够借助网络进行合作性探究和协商性讨论,促进信息共享、资源互通。这种教学模式在激发学生参与、加强互动合作方面发挥着积极作用。

实验探究教学方法将学习数学的过程被动地接受转变为主动的探究,从而强调了数学本身是一个可以被发现和创造的过程。这种教学方式充分借助计算机的程序和软件,通过实例分析、模拟仿真以及归纳总结等方法,在上机操作中引导学生进行个人独立探索和小组合作探究,使得学生能够积极参与发现、探究以及解决问题等活动,从中获取数学研究的实际体验。同时,这种方法也在培养学生问题导向的创新思维方面发挥着重要作用。实验探究教学一般涉及 5 个环节:创设活动情境→活动与实验→讨论与交流→归纳与猜想→验证与数学化。

远程教学作为一种以教育技术为主导的教学模式,通过借助网络信息技术的支持,将学习内容以电子文本、课件、视频或网络直播等多种形式传送给学生,突破了传统课堂的局限性,实现了教学的时空解构。教师和学生不再受制于地理位置的限制,而是能够跨越时区和地域进行知识的传递和共享。这种教学模式使得学习变得更加灵活,学生可以根据自己的节奏和时间安排进行学习,同时也提供了可操控性和可重复性的学习机会,使得知识的掌握更加充分和深入。通过远程教学,数学等学科不再局限于课堂内,而是走向了课外,为学生提供了更广阔的学习空间和途径。

三、教育技术与英语学科

(一)英语学科特点分析

在经济全球化的大背景下,外语的重要性显得愈发突出,尤其是英语作为外语课程中的主要语种之一。随着国际交往不断增加,英语已经成为各国公民必备的基本素养之一。英语课程的学习不仅仅是提升语言实际运用能力的过程,更是一项涵盖心智、情感、态度和价值观的全面发展。通过学习英语,个体不仅能够获得更多国外先进的科学、文化和技术知识,更能够积极参与国际交往,搭建沟通的桥梁。同时,英语课程也在潜移默化中塑造着学习者的情感体验,引导着他们的思维模式,形成积极的态度和健康的价值观。因此,英语课程不仅为个体提供了国际交往的工具,也为其塑造了更高层次的人文素养,开阔了视野,丰富了生活经历。总之,英语课程在当今社会既有实用价值,也蕴含着深刻的人文意义。

1. 工具性

工具性在英语学科教学中扮演着至关重要的角色,因其囊括了交际和交互的独特特质,成为教学的本质特征。通过英语课程的学习,学生不仅能够掌握基本的英语语言知识,还能够培养英语听、说、读、写等多方面的技能。这种全面的语言技能培养使得学生在与他人进行英语交流时能够游刃有余,逐渐形成流畅的表达能力。更为重要的是,这种语言交流的能力不仅仅局限于语言领域,它在促进学生的思维能力发展方面也发挥着关键作用。通过不断的语言运用和交流,学生的逻辑思维、创造力以及问题解决能力得以进一步提升,从而为他们未来的学习和职业发展打下坚实的基础。

2. 人文性

英语课程不仅是一门语言的学习,更肩负着提升学生综合人文素养的重要使命。语言不仅仅是一种沟通工具,它还是文化的重要载体,传递着深厚的文化内涵。因此,英语教学与文化教育密不可分。通过深入学习英语学科知识,学生得以拓宽自己的视野,深入了解不同国家的风土人情,逐渐培养出跨文化的意识。这种意识的培养不仅令学生更加开放和包容,还激发了他们的爱国情感,进而在学习中逐渐形成高尚的品德,树立正确的世界观、人生观和价值观。从而,英语课程在培养全面发展的学生方面具有深远的影响力。

(二)教育技术与英语学科的途径

借助教育技术,学生能够创造出真实的文化氛围和语言应用场景,这不仅有助于激发学生的学习兴趣,还逐渐塑造出新颖且具有实际应用价值的教学模式。因此,将现代网络信息技术与英语课程融合应当以现代教育理论为指导,以建构主义理论为基础,从改变课堂教学方式入手,构筑起师生互动、同学互动和人机互动相融合的教学模式。这样的创新不仅能够为英语课程注入新的活力,更能够实质性地提升学生在英语运用方面的能力。通过这种模式,学生不再只是被动地接受知识,而是能够在互动中自主探索,从而更有效地将语言应用于实际情境中。

教育技术在促进英语教学改革的实践中,已探索出一些可操作性较强的教学模式,下面主要介绍两种常见的应用途径。

1. 基于电子设备的英语课堂教学模式

近年来,随着英语学习人群的不断扩大,各种计算机应用软件、App以及在线学习平台如雨后春笋般涌现,丰富了我们的学习选择。特别是在英语教学领域,电子设备为基础的学习方式呈现出多样化的功能,涵盖了创设情境、听读训练、词句解析、阅读理解和交流交际等多种学习形式。对于英语课程教学而言,它不仅可以成为教师传授教学计划内容的手段,还可以作为网络课程的有益补充。基于电子设备的课堂不仅延续了传统校内课堂的特点,同时借助丰富的资源库和强大的工具支持,有效提升了英语课堂的教学效率,扩展了课堂的广度,深化了课堂的内涵,使得课内时间与课外学习更加有机地融合在一起。

2. 计算机辅助型英语教学模式

计算机辅助教学是广泛采用的教学整合方法,主要依赖于多媒体情境的创建。在这一模式下,教师巧妙地运用教育技术,构建与教学内容相互关联的情境,以动态或静态的展示方式,引发学生身临其境的体验。特别适用于语言知识解释和背景信息呈现的阅读教学。通过精心设计的网络课件,丰富多样的网络资源与学习主题相融合,为学生提供丰富的语言输入,为进一步的语言交流活动打下基础,从而有效培养学生的口语表达能力。在这基于教育技术的听说教学环节中,教师通过趣味性的活动引发学生的兴趣,展示听读范例,鼓励背诵歌谣,以及引导对话表演,全方位地促进学生在语言应用中的积极参与。

以"The Olympic Games"为例,在教学过程中,可以巧妙设计一系列活动,以提升教学的吸引力和学习效果。通过播放奥运会开幕式或闭幕式的精彩片段,激发学生的兴趣,引导他们关注片段中的英文解说,并鼓励他们尝试进行自主配音,从而实现视听与口语的有机结合,丰富英语学习方式。

此外,借助奥运会这一全球性事件,还可以设计模拟交际活动,让学生在以奥运会为背景的角色扮演中进行主题对话,促进他们在实际情境中的语言运用能力。在资料查阅的过程中,鼓励学生利用论坛等共享资源,通过即时通信软件进行小组内的合作交流,培养团队合作与信息共享的能力。在最终的成果展示阶段,学生将能够展现出他们的创造力、沟通协作能力以及表达能力,使整个学习过程更加生动丰富。这种基于奥运会主题的综合性教学设计能够激发学生的积极参与,同时也为他们提供了一个跨足多方面技能的平台。

参考文献

[1]李晓燕.信息化视域下现代教育技术的理论与实践:评《信息化视域下现代教育技术理论与实践研究》[J].中国科技论文,2020,15(10):1225.

[2]兰国帅,郭倩,张怡,等.在线翻转课堂教学模式的设计与实践:以"现代教育技术:理论建构与实践探索"课程为例[J].开放学习研究,2020,25(4):34-42.

[3]马进.现代教育技术理论与方法研究:评《现代教育技术:理论与实践》[J].化学教育(中英文),2020,41(5):112.

[4]黄俊生,林晓宏.极简微课设计与制作[M].广州:暨南大学出版社,2020:1-7.

[5]李志河.现代教育技术[M].3版.北京:清华大学出版社,2022.

[6]张爱民.信息化教育理论与实践探究:评《现代教育技术:理论建构与实践创新》[J].中国教育学刊,2018(12):127.

[7]罗萍.现代教育技术理论与方法研究[J].教育评论,2018(11):168.

[8]陈婷,侯致武,刘清.现代教育技术在数学学科教学中的应用[J].内江科技,2020,41(11):37+11.

[9]刘军.浅谈现代教育技术在中职机械学科教学中的应用分析[J].教育现代化,2020,7(20):180-182.

[10]杨刘庆,王俊生,李智鑫,等.现代教育技术(微课版)[M].北京:清华大学出版社,2021.

[11]陈慧蓉.信息技术背景下《现代教育技术》专创融合教学研究与实践[A]//2022年第五届智慧教育与人工智能发展国际学术会议论文集[C].香港:新世纪文化出版社,2022.

[12]许弘泽.核心素养视域下现代教育技术在高中物理教学中的应用研究[D].哈尔滨:哈尔滨师范大学,2022.

[13]石丽萍.美术教学中的学科融合与现代教育技术[J].江西教育,2022(16):39-40.

[14]梅峰.现代教育技术与初中道德与法治学科整合的教学策略[J].试题与研究,2021(25):171-172.

[15]张晗.关于我国现代教育技术学科问题的思考:评《教育技术学》[J].领导科学,2020(24):129.

[16]韩健,吴东.基于现代教育技术的体育课程教学设计:评《现代教育技术与艺术和体育学科课程整合方法与实践》[J].教育理论与实践,2020,40(20):65.

[17]徐进友.现代教育技术下农村中学数学学科资源库的建设与共享[J].中小学电教(教学),2020(6):3-4.

[18]曹舜尧.初中物理与现代教育技术的融合[J].百科知识,2020(15):51-52.

[19]姜军峰.现代教育技术条件下的高中历史时空观念培养策略研究[D].赣州:赣南师范大学,2020.

[20]吴新田,王环峰,李洪潮.依托现代教育技术发展学科核心素养的教学策略及实践:以《认识溶液》教学为例[J].中国现代教育装备,2020(6):56-59.

[21]张小娟.现代教育技术与学科教学融合浅析[J].科技资讯,2020,18(9):169-170.

[22]谢朝辉.应用现代教育技术对高中生进行专业选择教育的探索[D].西安:陕西师范大学,2019.

[23]华方铭.浅谈现代教育技术在生物教学中的应用[J].中国新通信,2019,21(4):196-198.

[24]邓晋略.现代教育技术与美术学科教学的融合[J].美术教育研究,2019(3):120-121.

[25]孙武军.学科素养下高中历史课堂教学现代教育技术的运用探讨:以新人教版《美国联邦政府的建立》教学为例[J].考试周刊,2019(7):151.

[26]黄辛颖.信息技术为小学语文教学插翅添翼:现代教育技术与学科整合的思考[J].课程教育研究,2019(1):35.

[27]庞彩萍.信息技术为小学数学教学插翅添翼:现代教育技术与学科整合的思考[J].考试周刊,2018(74):79-80.

[28]潘蕾.现代教育技术与英语学科教学深入融合探究[J].中小学电教(下半月),2018(7):41.

[29]石清湘.现代教育技术支持下的初中化学教学案例设计与实践[D].开封:河南大学,2018.

[30]孙小燕.现代教育技术与中职美术学科教育的整合分析[J].现代职业教育,2018(9):125.

[31]张剑平.现代教育技术[M].5版.北京:高等教育出版社,2021.

[32]黎加厚,鲍贤清,马力敏,等.现代极简教育技术[M].北京:北京师范大学出版社,2020.

[33]李芒.现代教育技术[M].北京:北京师范大学出版社,2023.

[34]章苏静.现代教育技术:新技术赋能的学与教[M].上海:上海交通大学出版社,2021.

[35]兰国帅.现代教育技术:理论建构与实践创新[M].2版.北京:科学出版社,2021.